レファレンス協同データベース事業
調べ方マニュアルデータ集

データと解説

国立国会図書館編

日本図書館協会
2007

Collaborative Reference Database Project. Selected Reference Guides

レファレンス協同データベース事業調べ方マニュアルデータ集 ： データと解説 ／ 国立国会図書館関西館編. － 東京 ： 日本図書館協会, 2007. － 151,32p ； 30cm. － ISBN978-4-8204-0711-9

t1. レファレンス　キョウドウ　データベース　ジギョウ　シラベカタ　マニュアル　データシュウ　a1. コクリツ　コッカイ　トショカン
s1. レファレンス　ワーク　①015.2

刊行にあたって

　レファレンス協同データベース事業は、実験事業段階を経て平成17年度に本格事業化した後、お蔭様で順調な歩みを見せ、参加館442館、登録データ数26,234件（平成19年6月末現在）にまで達しています。国内の図書館の間に本データベースの利用が浸透すると共に、図書館情報学の研究者の方々や、インターネットを通じて図書館員ではない一般の人々の関心も集めつつあり、また平成18年度には、IFLAソウル大会等海外に紹介する機会にも恵まれるなど、事業としてますます広がりを見せています。

　本事業では当初より、単にデータベースを運用するだけではなく、研修の開催、システムの機能強化、刊行物の発行等を通じ、参加館のデータ登録を支援することを常に心がけてきました。このうち刊行物について、平成17年度の「データ作成・公開に関するガイドライン」に続き、このたび「調べ方マニュアルデータ集」を発行する運びとなりました。調べ方マニュアルデータは、本データベースに登録されるデータの中でも、レファレンス事例と並ぶ重要なファクターです。

　このたび国立国会図書館では、本書が単に参加館のみならず、全国の図書館におけるレファレンス業務に資するものと考え、刊行物として広くご活用いただくことにしました。本書がさまざまな図書館において活用されるとともに、本事業への関心の拡大、さらには参加の促進、本事業の発展に寄与することを願います。

　本事業は、常に当館の外部の方々に、多大なご協力をいただいて発展して参りました。平成18年度にはこれを制度化し、「企画協力員」として7名の有識者の方々に事業の企画に参画していただいております。この「調べ方マニュアルデータ集」も、企画協力員の方々の活発な意見交換の賜物です。ここに改めて感謝いたします。

　そして最後に、本書へのデータの掲載を快くご了解下さり、また業務多忙の中、アンケートにもご協力下さいました参加館の担当者の方々に、厚くお礼申し上げます。

平成19年7月

国立国会図書館関西館長
和中　幹雄

― 目　次 ―

調べ方マニュアル作成の意義と用途（昭和女子大学人間社会学部教授　大串夏身）……… 1

調べ方マニュアルデータ集：データと解説 …………………………………………………… 17
　掲載データの選定について ………………………………………………………………… 17
　凡　　例 ……………………………………………………………………………………… 18

1　公共図書館の調べ方マニュアル ……………………………………………………………… 20
　1.1　基本的なテーマや資料を調べる ……………………………………………………… 20
　　(1)　知っていると便利　人物情報をさがすには（東京都立中央図書館）…………… 20
　　(2)　知っていると便利　雑誌や新聞の記事を調べるには（東京都立中央図書館）…… 27
　　(3)　統計／日本（札幌市中央図書館）………………………………………………… 32

　1.2　地域情報を調べる ……………………………………………………………………… 39
　　(4)　大阪の地名を調べるには（大阪府立中之島図書館）……………………………… 39
　　(5)　山梨県の方言（甲州弁）を調べる（山梨県立図書館）…………………………… 45
　　(6)　あつぎ鮎まつり大花火大会について、花火について（厚木市立中央図書館）…… 50

　1.3　ビジネス情報を調べる ………………………………………………………………… 53
　　(7)　調べ方の近道案内　1　企業を調べるには（改訂）（福岡県立図書館）………… 53
　　(8)　図書館調査ガイド　法令のしらべ方（大阪府立中之島図書館）………………… 58

　1.4　医療情報を調べる ……………………………………………………………………… 65
　　(9)　調べ方の近道案内　17
　　　　医療情報をさがす～病院・人物編～（福岡県立図書館）………………………… 65
　　(10)　知っていると便利
　　　　医療情報（病名・病院・薬・法令・統計　など）（東京都立中央図書館）……… 69

　1.5　調べ学習に生かす ……………………………………………………………………… 77
　　(11)　恐竜について（夏休み自由研究）（県立長野図書館）…………………………… 77

　1.6　その他特徴的なテーマ ………………………………………………………………… 81
　　(12)　古典（札幌市中央図書館）………………………………………………………… 81
　　(13)　水と環境／健康について調べる
　　　　　（調べ方案内　Milestone　No.3）（埼玉県立久喜図書館）……………………… 86
　　(14)　ブックリスト　「団塊の世代のこれから－豊かな定年後のために」
　　　　　（平成17年9月16日発行）（香川県立図書館）…………………………………… 90

2　大学図書館の調べ方マニュアル　……　94
2．1　新入生や初学者を対象に　……　94
⒂　認知心理学（Cognitive psychology）（愛知淑徳大学図書館）　……　94
⒃　「レファレンスツール」の調べ方（近畿大学中央図書館）　……　104
⒄　大学生活（嘉悦大学情報メディアセンター）　……　109

2．2　在学生や教職員を対象に　……　114
⒅　下着に関する資料の調べ方（文化女子大学図書館）　……　114
⒆　診療ガイドラインの探し方（東邦大学医学メディアセンター）　……　118
⒇　「現代中国関連資料」の調べ方（近畿大学中央図書館）　……　121

2．3　プロジェクト、展示会をきっかけに　……　124
(21)　明治学院大学社会学部現代GPプロジェクトの一環：
「スワンベーカリー」に関する資料の探し方（明治学院大学図書館）　……　124

3　専門図書館の調べ方マニュアル　……　134
3．1　ビジネスマンを対象に　……　134
(22)　食品の新製品リストは？
（日本能率協会総合研究所マーケティングデータバンク）　……　134

3．2　初学者・学生を対象に　……　136
(23)　「1980年代のビールのテレビCM、特にサントリー（SUNTORY）を中心」の資料
と情報を探す（吉田秀雄記念事業財団アド・ミュージアム東京広告図書館）　……　136

4　国立国会図書館の調べ方マニュアル　……　143
4．1　国立国会図書館のレファレンスサービスと調べ方マニュアル　……　143
4．2　実際のデータから　……　145
(24)　土地の価格（地価）を調べるには
（国立国会図書館（National Diet Library））　……　145
(25)　人口統計（国立国会図書館（National Diet Library））　……　148

付録1
『レファレンス協同データベース事業　データ作成・公開に関するガイドライン』
調べ方マニュアルデータ作成・公開関連部分抜粋

付録2
レファレンス協同データベース事業の事業概要と経過

データ提供館別索引

調べ方マニュアル作成の意義と用途

昭和女子大学人間社会学部教授
大串　夏身

　この『調べ方マニュアルデータ集』は、調べ方マニュアルのデータ集として作成されたものです。本来ならデータ集ですので、データとその解説から構成されるものですが、より多くの図書館に調べ方マニュアルを作成し、レファレンス協同データベースに登録していただくため、データ集の前に、「調べ方マニュアル作成の意義と用途」という解説の項目を設けました。
　レファレンスサービスを推進していく上で、調べ方マニュアルは大きな役割を持っています。本書を参考にして、調べ方マニュアルの作成に取り組んでいただければ幸いです。
　なお、巻末に2005年発行の『レファレンス協同データベース事業データ作成・公開に関するガイドライン』[1]（以下『ガイドライン』という）から調べ方マニュアルに関する部分を抜粋掲載しておきました。作業の手引きとして下さい。

１．調べ方マニュアルとは―レファレンス協同データベース事業での調べ方マニュアルの定義

　レファレンス協同データベース事業（以下「本事業」という）では調べ方マニュアルを、「特定のテーマやトピックに関する情報源の探索方法を説明した情報」と定めています。[2]
　調べ方マニュアルと類似の概念をもつ既存の用語には、パスファインダー、図書館パスファインダー、主題文献案内、主題別文献案内、利用ガイドなどがあります。本事業では、こうした用語で表される、これまでさまざまな図書館で作成されてきたレファレンス業務に役立てるためのツールを、データベースに登録できるようにしています。そして、それらをまとめてより広い概念でとらえる言葉として、「調べ方マニュアル」という用語を定めました。
　本事業の調べ方マニュアルは公開することを前提にしています。ただし、参加館の判断によって、データごとに一般公開・参加館公開・自館のみ参照のいずれかの公開レベルを選択できます。例えば、図書館の現場で作られている業務用のマニュアルを自館のみ参照として登録して使うこともできます。

２．調べ方マニュアル作成の社会的意義は？

　社会全体、特にこれから本格的に姿をあらわす高度情報通信ネットワーク社会での意義について述べておきます。
　高度情報通信ネットワーク社会は、日本では、ユビキタスネット社会とも呼ばれています。

ケーブルによる情報通信網に無線による情報通信が加わり、いつでも、どこでもコンピュータ、携帯電話を使って情報のやりとりができる社会が到来すると言われています。

そこでは、今まで以上に情報・知識がみちあふれ、飛びかうことになります。既存の情報・知識が収集・加工・編集され、新しい、価値のある情報・知識が次々と生まれることになります。

2010年を目標とした日本の「u-Japan政策」ではそうした状態を「価値創発」と名づけています。[3]

みちあふれる情報・知識とそれを求める人（国民・住民）とを公平で効率的に結びつけること、そのための社会的な仕組みを作り出すことが、高度情報通信ネットワーク社会における1つの目標になります。

いかに情報・知識が多く存在して、活用できるようになっても、それを求めるすべての人が等しく、効率的にそれらにアクセスして、入手できるようにならなければ、それらの情報・知識は一部の人のものにとどまり、一部の人がその利益を独占してしまうことになりかねないからです。

そのために人と情報・知識を結びつける社会的な仕組みを作り出さなくてはなりません。資料の貸出やネットワーク上の資源へのアクセスの保障、読書相談やレファレンスサービスなどを通して、利用者と情報・知識を結びつける活動を行っている図書館は、その仕組みの一端を担うことを期待されています。図書館サービスとして「調べ方マニュアル」を作成することは、図書館内部だけの問題改善にとどまらず、高度情報通信ネットワーク社会の陥穽でもあるアクセスに伴う諸問題の解決方法の1つでもあるのです。

3．調べ方マニュアル作成の視点
3.1 調べ方マニュアル作成の体制を整える

調べ方マニュアルは、2．で述べたように社会的意義を持っています。この意義を認識し、調べ方マニュアル作成を組織として日常業務の中に位置づけるよう、体制を整備する必要があります。

そのためには、
(1) 計画をたてて、長期にわたって整備する
(2) 人と予算をつける
(3) 情報・資料の更新システムを作る
(4) 図書館員を育成する
(5) 研究者等の協力を得る
などが、求められます。

3.2 調べ方マニュアル作成のねらいを考える

さらに、公共図書館、大学図書館、専門図書館では、それぞれの館種ごとの設置の目的にそって整備する必要があります。

公共図書館

公共図書館では、文部科学省の「これからの図書館の在り方検討協力者会議」[4] や「図書館をハブとしたネットワークの在り方に関する研究会」[5] が地域課題解決型サービスとしてとりあげたビジネス支援、行政情報提供、医療関連情報提供、法務情報提供、学校教育支援、子育て支援、またその中に含まれるテーマ・トピックが考えられます。

これによって地域社会の活性化、まちづくりなどが進められ、質的に新しいよりよい地域社会と人々の生活、企業活動が生み出されると考えられます。

大学図書館

大学図書館では、人を育成する、つまり、情報や知識を自分で調べ、収集できる力をつけて、社会に送り出すことが求められます。そのことによって社会全体が「価値創発」に近づくことができます。また、知的な質の向上、研究の質の向上につなげる、そのためには大学図書館が学部学科、大学院と密接な関係を持って、きめ細かく、調べ方マニュアルを整備する必要があります。

専門図書館

専門図書館では、それぞれの分野・主題における設置母体の調査研究の質の向上をめざすとともに、社会活動のために、学校との連携、調べ学習への対応なども必要となるでしょう。

3.3 具体的な作成にあたって

具体的な作成にあたっては、次の2点がポイントとなります。

(1) 利用者のニーズを把握する

公共図書館

公共図書館では、①地域の課題を知る、②行政組織の窓口などでよく聞かれている質問事例を収集する、③行政上の課題や計画、テーマなどを分析・把握する、④レファレンス質問事例を分析して、よく聞かれているテーマを知る、⑤地域の小学校、中学校、高等学校の調べ学習としてとりあげられているテーマや調べ方などを先生方に聞くなどがあげられます。

大学図書館

　大学図書館では、①カリキュラムと先生方の授業内容に関係した指定図書、学習用図書、参考図書等の分析、②ゼミ論や卒論のテーマの分析、③大学院修士、博士論文のテーマの分析、④指導する先生方の研究テーマ等の把握、⑤カウンターなどでよく聞かれる質問の分析などがあげられます。

専門図書館

　専門図書館では、サービスの範囲や方法などによってずいぶんと違いがありますが、組織内の部課等とよく連携をとってニーズを把握することになります。

(2) 図書館の設置母体の目的等を考慮する

公共図書館

　公共図書館の場合は、民主的な社会建設や地域への貢献ということがあげられます。地域への貢献という点では、特に地域産業、観光資源、地域の著名人などがテーマとして考えられます。図書館によっては〇〇記念図書館など、特別な設置の目的を持ったところがありますので、その場合それにあわせたものを作る必要があるでしょう。

大学図書館

　大学図書館の場合は、大学の建学の精神や大学の歴史などが考えられます。

専門図書館

　専門図書館の場合は、設置母体の活動の目的や歴史などがあげられます。

　本書に収録したデータが作られたきっかけには、さまざまなものがあることがわかります。それらは、資料展示のテーマ、ブックリストの作成、小学生向けの調べ方案内の必要、研修会の課題などです。きっかけは何であれ、できるところから作りはじめて、発展させていくという姿勢がより実際的とも言えます。
　また、調べ方マニュアルは、類似したテーマの調べ方マニュアルデータが既にレファレンス協同データベースに登録されていても、図書館でそれぞれの実情にあわせて作成することに意味があります。利用者の年齢や職業の構成は、それぞれの図書館で違いますし、関心を持っているテーマも違います。大学図書館では、大学の学科構成が違います。図書館の資料構成やレファレンスツール、また書架配置、建物の構造も異なります。そうしたことを視野に入れて、それぞれの館にとって、もっとも効率的で、探しやすく、わかりやすい探し方を考えて、作成することが望まれます。

4．調べ方マニュアルと業務マニュアル

　レファレンス協同データベースの調べ方マニュアルデータベースは、個々の図書館で作成したものを、登録する事によって作られます。ここでは個々の図書館での業務マニュアルと調べ方マニュアル、そしてレファレンス協同データベースとの関係について述べます。
　これらの関係を図にまとめると、図1のようになります。

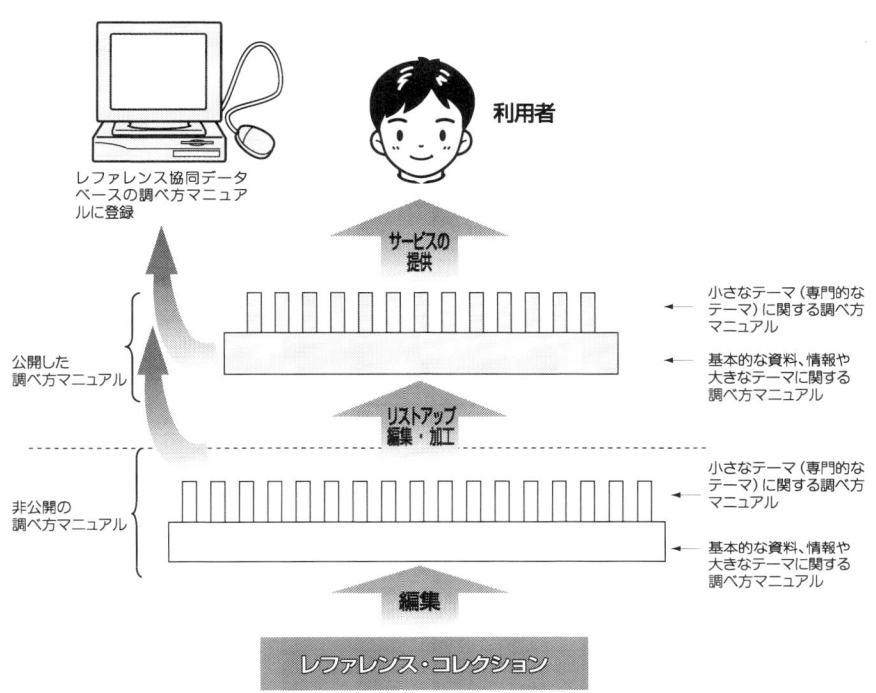

図1　調べ方マニュアルと業務マニュアル

　非公開の業務マニュアルの領域では、日常のレファレンスサービスに役立てるために調べ方マニュアルが作られます。これは、レファレンスサービスにたずさわる職員が使うもので、第三者や一般の利用者が読んでもわからない略語や記号が使用されているものや、作成途中あるいは検討中というものも含まれます。
　業務マニュアルは、レファレンスサービス担当になった職員がまず読むものです。それ以外では、レファレンス質問を受け付け調査を開始する時や調査の途中で、各種リーフレットの作成で、利用者の関心が高い時事的なテーマに関するリストの作成[6]や課題解決型サービスを組織する時、また講座・研修の開催、講義を行う時などに利用されます。
　カウンターでの調査の途中で業務マニュアルを利用する場合、即座に全体像が分かるようになっていないと、あせるばかりでなかなか先に進めないということになりかねません。また、利用者に示して説明できるようになっていることが望ましいと言えます。
　その意味で、理想的には、

(a) 調査方法を文章で説明したもの
(b) 個々のツールの解説（あるいは解題）

の2つがセットになったものとなります。

利用者に公開する調べ方マニュアルは、業務マニュアルの調べ方マニュアルから選ばれ、誰が読んでもわかるように編集・加工されたもので、リーフレットや図書館ホームページのコンテンツなどの形をとります。業務マニュアルからの(b)は、必要最小限のものが文章に組み込まれることになるでしょう。

公開した調べ方マニュアルは、利用者が自分で調べる時に読み、調査方法の検討の素材とする、図書館員が他館の調べ方マニュアルを読むことで、自分の館のレファレンスコレクションや調べ方の比較検討の素材とする、また、レファレンスの相互協力のための手がかりとするなどで使われます。

非公開の業務マニュアルも公開した調べ方マニュアルも、両方とも、レファレンス協同データベースに登録し、活用することができます。業務マニュアルと公開されたマニュアルを組み合わせてサービスが提供されることになります。

レファレンス協同データベースには先に1．で述べたように参加館公開・一般公開・自館のみ参照の3つの公開レベルのいずれかでデータを登録することができます。非公開の業務マニュアルは自館のみ参照レベルで、公開した調べ方マニュアルは参加館公開または一般公開レベルで登録して、活用することができます。

5．調べ方マニュアルの用途

調べ方マニュアルは、レファレンスサービスの基礎となるものです。

『ガイドライン』の10ページには、調べ方マニュアルデータの用途として、参加館にとっての用途、一般利用者にとっての用途、図書館情報学教育に携わっている者にとっての用途、それぞれに説明があります。ここでは、用途について少し丁寧に考えてみたいと思います。

5.1 図書館員が仕事をすすめる上での用途

まず、図書館員が仕事をすすめる上、サービスを提供する上での用途について考えてみます。

(1) **新しくレファレンスサービスを担当する職員の研修に使う**

　　自分で学ぶテキストとなるだけでなく、演習を行う時、職員に典型的な、あるいはよく聞かれる質問事例を与えて、指導する側の説明文書にもなります。

(2) **レファレンスサービス提供の基準となる**

例えば、同じ質問を受けたら、すべての担当職員が同じように回答することができるという、その意味で最低の基準、あるいは同一の回答レベルを確保することが可能となります。レファレンス質問・回答サービスは、図書館という組織が提供しているわけですから、組織としてのサービスの基準となるものがなくてはなりません。調べ方マニュアルはその基準づくりの重要な文書となります。

⑶　レファレンスサービスの効率化を実現する

　マニュアルをいつも参照することで、調査のスピードをあげることができます。さらに、一定の時間をかけて回答を見出すことができない時には、調べ方の案内に切り換えて、あとは質問者（利用者）自身に調べてもらうということも可能になります。レファレンス質問・回答サービスを行うにあたっては、1つの質問にかける時間はそれぞれの図書館である程度制限を設けて、サービスの公平性を確保することが必要です。その意味で一定の時間、例えば2時間調べてわからなかった場合、質問者（利用者）に調査の過程を説明して、あとは自分で調べてもらうようにすることが求められます。このように調べ方マニュアルは、利用者に自分で調べることをすすめる文書として活用できます。また、調べ方の案内に切り換える場合、こうしたマニュアルがないと、その都度説明することになり時間がかかる上に、職員によってサービスレベルのバラつきが大きくなってしまいます。

⑷　レファレンスサービス担当職員の視野を広げ能力を向上させる

　レファレンスサービス担当職員の視野を広げることに役立てることができます。これは2つの意味でそのように言えます。

　(a)　いろいろな分野の調べ方を学ぶことができます。担当職員は広い教養をベースにして仕事をしていますが、それでも得意、不得意の分野があります。仕事をしているうちに得意な分野はより質の高いサービスを提供できるようになり、そうでない分野はそのままということになりがちです。調べ方マニュアルを活用することで、不得意な分野を学び向上させることに役立ちます。

　(b)　心理学など、特定学問の分野でそれぞれにさまざまな研究方法、調査の方法があります。これらも調べ方マニュアルに書き込み、利用者への対応の幅を広げることができますし、大学の学部学生への案内に役立てることができます。特定の学問の分野でも、1つの事柄を調べるためにさまざまなアプローチの仕方があることが説明できます。

　さらに、調べ方マニュアルをまとめることで、担当職員の能力を向上させることができます。

⑸　他館の調べ方マニュアルを参照することで自館のサービスを向上させることができる

　(a)　他館の調べ方マニュアルを参照することで、自館で作成していない分野のテーマ、トピックのマニュアルを作る手がかりを得ることができます。

(b) 同じテーマ、トピックについての調べ方マニュアルを参照することで、コレクションの整備や調べ方の比較点検、改善ができます。

(6) レファレンスの相互協力に役立てることができる

自館で調査できないテーマやトピック、さらに資料等がないために調査を深めることができないものについて、他館の公開されたマニュアルを参照することで、調査の可能性がある程度わかり、レファレンスの協力を依頼することが可能となります。これをすすめるとレファレンスの相互協力の網が広がります。

(7) 自館の各種サービスの資料として役立てることができる

これから、新しいニーズに対応するために、積極的に開発・提供するサービスに役立てることができるでしょう。

(8) 継続的にレファレンスサービスの質を向上させることを可能にする

個々のレファレンス質問に対する調査の過程や使ったレファレンスツールを点検、評価する時に調べ方マニュアルは活用できます。質問に対する調査・回答のレベルの維持に役立つだけでなく、より高い質へレベルアップさせる時にも、調べ方マニュアルは役立ちます。

(9) 個性ある図書館づくりを可能とする

調べ方マニュアルを作成することで、自館のコレクションの特徴や提供できるサービス内容が明確になります。現状では不十分な点を補い、伸ばしていく方法にも気づくことができ、限られた資源を有効に活用しながら、個性ある図書館づくりを行っていくことができます。

(10) 広報の素材として役立てることができる

利用者、住民、議員、行政職員などに、図書館ではこんなことがわかるのだという理解をすすめるのに役立ち、図書館が図書館サービスを広報する時の素材として役立てることができます。

なお、ここでレファレンス協同データベースを活用するメリットについてふれておきましょう。

レファレンス協同データベースはレファレンス事例と調べ方マニュアルを簡易検索画面で横断検索できます。日頃カウンターや電話等で質問を受けた時に検索すると、結果の一覧には、データの内容が一部表示されますので複数の分野に関連するものがあることに気がついて、調査範囲を広げるのに役立ちます。またこれは利用者と図書館員の理解の差をうめることに役立

つこともあります。（同じ用語が分野によって違った意味内容で使われていた時など、カウンターなどで、この理解の差にとまどうことがあります。）

さらに個々の質問の調査の過程で、調査の戦略を決める時に参照したり、調査の過程でレファレンスツールの見落しがないか、点検する時に使えます。

さらに、レファレンス協同データベースに登録することで、相互の点検と改善、レベルアップに役立てることができます。レファレンス事例の調査過程の点検、検証、評価の参考資料として調べ方マニュアルが使えますし、調べ方マニュアルの内容検討の資料としてレファレンス事例が使えます。

5.2 利用者側の用途

次に利用者側の用途を考えてみます。

⑴ 図書館の活用方法がわかる

公開された調べ方マニュアルを読むことで、自分がなにかを調べる必要が生じた時、図書館が役に立つのか立たないか、問いあわせの対象となるかならないか、を判断することができます。

さらに、判断するだけでなく、自分の質問をより具体的にすることにも役立ちます。

⑵ 調査を合理的・効率的にすすめることができる

図書館で所蔵する各種の資料やアクセスできる情報源がわかる上に、全体をイメージでき、自分で調べる方法を効率的に組み立てることができます。

⑶ 類似の調査は分野が違っても類推して、応用して活用できる

分野やテーマが異なる場合にも、調べ方マニュアルで紹介された方法や手順を取ることによって、類似の調査を試みることができます。また、いくつかの調べ方マニュアルで示された手順を組み合わせて、利用者の目的にかなった調査を行うことも可能です。

⑷ 短い時間でより質の高い調査を行うことができる

調べ方マニュアルで紹介された資料・情報・知識を迅速に入手でき、短い時間でさらに詳しい調査にすすむことができます。結果として、より質の高い調査を行うことができるようになります。これは学部学生、大学院生、特に大学院生では社会人大学院生にとっては大きなメリットになるでしょう。

⑸ 調査を深めるだけでなく、幅も広げることができる

特定分野での調査を深めることができるだけでなく、全体のイメージがつかめ、関連する分野の調べ方マニュアルを読むことで、学際領域も理解することができ、結果として視野を広げることができます。

⑹ 調査をより計画的にすすめることができる

　調査は図書館だけで完結するものではありません。

　さまざまな機関、組織、個人の情報源までも対象とすることが必要です。その意味で、少なくとも図書館については調べ方マニュアルによって調べることができる範囲がわかりますので、計画的に調査ができます。また、無料、有料のオンラインデータベースの有無やその概要なども把握できますので、費用負担もある程度、予測がついて、この点でも、計画的に調査を設計できます。

6．まとめにかえて—調べ方マニュアルの充実に向けて

　以上、調べ方マニュアルの用途を少し詳しく紹介しました。

　レファレンス協同データベースに登録された調べ方マニュアルの数はまだ多くありません。これから参加館のご協力をいただき、数を増やしていきたいと思います。

　レファレンス協同データベース事業は、さまざまな図書館が参加して協同して運営するものです。優れた経験が積極的に提供されることによって図書館界全体がレベルアップするという、公共的、公益的な側面があります。その意味で、優れた経験に基づき調べ方マニュアルを作成している図書館が、積極的に登録することで、日本の図書館界全体のレベルアップに貢献することが望まれます。

参考：「調べ方マニュアル」と関連する用語にはどのようなものがあるか

　調べ方マニュアルに関する理解を深めるために、関連する用語の定義について辞典などの参考図書から紹介します。

　⑴　パスファインダー

　　パスファインダー　pathfinder
　　　道しるべ。特定のトピックや主題に関する資料や情報を収集する際に，図書館が提供できる関連資料の探索法を一覧できるリーフレットのこと。レファレンスやガイダンスで活用できる利用者教育ツール。
　　　網羅的な文献リストや一般的なガイドブックとは異なり、具体的かつ限定的な主題に対する探索法を示すことを目的とした案内。最近はデータベース形態で提供され、関連箇所へのリンクがはられているものが増えた。
　　　特徴は、⑴特定のトピック（topic）を扱っている。⑵ナビゲーション機能がある。⑶資料や情報源の一覧性がある。⑷簡単に情報にアクセスできる、が挙げられる。

図書館の「利用案内」、特定のトピックに絞られていない、全般的な「和雑誌新聞の探し方」、ある特定ツールのマニュアル「学術雑誌総合目録；欧文編の使い方」、網羅的な1冊のテキストあるいは教科書、OPAC検索結果のみのリストは含まない。
参考文献：私立大学図書館協会東地区部会研究部企画広報研究分科会「パスファインダーバンク」最終アクセス2003/11/27
（図書館用語辞典編集委員会編. 最新図書館用語大辞典. 東京, 柏書房, 2004.）

◆ 日本の大学図書館の「パスファインダー（pathfinder）」に対する関心を高めた、愛知淑徳大学図書館インターネット情報資源担当編『パスファインダー・LCSH・メタデータの理解と実践』（愛知淑徳大学図書館、2005年）3ページに示された定義を紹介しておきます。

パスファインダー（Pathfinder）は直訳すると「道しるべ」のことですが、本書では「図書館パスファインダー（Library pathfinder）」を指します。
（中略）
本書では、パスファインダーがMITで生まれた際の目的をふまえて「利用者が特定の主題に関する情報収集を図書館で行う際の、最初のとっかかりとなる図書館資料のガイドもしくは要チェックリストのようなもの」と定義します。

この文章（定義）の前段に次のような文面があります。

パスファインダーは、マサチューセッツ工科大学（Massachusetts Institute of Technology、以下MIT）図書館が最初に考案し、表1-1のような目的で作成されました。

表1-1パスファインダーの目的

1．入門的な情報を入手するためのチェックリストである．
2．様々なタイプの情報源を提供する
3．特定のトピックに焦点を当てたものである
4．文献探索の初期段階における利用者を手助けするように工夫されている
5．利用者の時間を節約する
6．主題知識の乏しい利用者のためのガイドである
7．網羅的な主題書誌ではない

パスファインダーは単に初学者に情報資源を紹介するだけでなく、情報探索能力の向上も目的にしています。したがって基本的な資料の使い方のほかに「資料に書かれている関連項

目」「トピックに関する件名や書架で探すための排架場所」「パスファインダーを順不同(あるいは部分的)に利用する場合に必要となる資料の簡潔な書誌事項」など、情報探索に役立つことも書かれているのが特徴です。パスファインダーが網羅的な文献ガイドや書誌、インターネットのリンク集など、単に情報資源を集めたものではないのは、この機能を含んでいるからです。

◆ 愛知淑徳大学図書館の「パスファインダー」を理解するために同図書館がインターネット上で提供している「基本資料リスト　パスファインダー」を見るとよいでしょう。[7]

(2) 主題文献案内

主題文献案内　　subject guides; guides to the literature
　ある特定の分野やテーマについて研究や調査を始めようとする学生、研究者、図書館員等を対象として、その分野やテーマの研究法や研究動向、基本文献、主要雑誌、二次資料、文献探索方法や図書館利用法等を解説したレファレンスブック。執筆者は図書館員や研究者である。商業出版社、学協会、大学図書館等から出版され、刊行形態は、図書だけでなく、パンフレットや雑誌記事の場合もある。主題別の解題書誌に近い性格のものであるが、内容に研究法や文献利用法等を含んでおり、単なる解題書誌ではない。文献解説を主体とするものは解題書誌の性格が強く、研究法に重点を置いたものは主題の研究入門書に参考文献を添えた性格のものとなる。→解題書誌：主題書誌
(日本図書館情報学会用語辞典編集委員会編. 図書館情報学用語辞典. 第2版. 東京, 丸善. 2002.)

◆ 同じ趣旨のものに次のものがあります。

c.主題の文献案内　　主題の文献案内は、ある特定の研究分野に関して、これから研究を始めようとする人々のために作成されるガイドブックであり、当該分野の研究史、現在の研究動向、今後の研究課題、基本的文献の解題、レファレンス資料の解題、専門文献のリスト、コアジャーナルのリスト、文献探索の方法、図書館、データベースサービス、関連団体など、当該主題に関連する情報源の利用方法等の内容を持つ。これらは、多くの研究分野で刊行されており、入門書誌、案内書誌として有用である。当該分野の専門研究者によって書かれた文献案内は、研究史、現在の研究動向、今後の研究課題、研究方法、一次資料の紹介等に重点が置かれることが多く、当該分野の専門図書館員やビブリオグラファー等によって、書かれた文献案内は、レファレンス資料の紹介および資料の探し方に重点が置かれることが多い。主題文献案内は、Guide to Reference Books,『日本の参考図書　解説総覧』などで探すことができる。

わが国の主題の文献案内の例としては、『法学文献の調べ方』(板寺一太郎,東京大学出版会,1978)、『理工学文献の特色と利用法』(上田修一等,勁草書房,1987)、『新・日本古典文学研究必携』(市古貞次編,学燈社,1992)などがある。英米の例としては、Information Sources in Economics (2nd ed., John Fletcher, ed., London,Butterworths,1984) ,Business Information Sources (3rd ed., L.M. Daniells, Berkeley, Calif., Univ. of California Press, 1993), Information Sources of Political Science (4th ed., F.L. Holler, Santa Barbara, ABC-Clio, 1986), Art of Literary Research (4th ed., R.D. Altick, J.J. Fensterma, New York, Norton, 1993)などをあげることができる。
(図書館情報学ハンドブック編集委員会編.図書館情報学ハンドブック.第2版.東京,丸善.1999,278.)

◆「主題別文献案内」という語もあります。これは翻訳辞典にあるもので、pathfindersとの関係も書かれています。

主題別文献案内　　topical guides
特定主題に関する文献探索を行うのに利用可能な,さまざまな種類の図書館資源を効率的な探索戦略順に排列した文献案内.pathfindersと同義語.この案内の一例として,米国議会図書館の製作したTracer Bulletsがある.
(Heartsill Young編,丸山昭二郎[ほか]監訳.ALA図書館情報学辞典.東京,丸善.1988)

(3) 利用ガイド

ここでいう「利用ガイド」とは,通常,図書館で「利用案内」とよばれている,主にパンフレット・リーフレット形式の「印刷物」のことである。サービスとしての「利用案内」と混乱するので,「利用ガイド」という表現を用いている。また,パスファインダ(pathfinder)とは,ある主題について,関連する文献・情報の探索法をまとめたものであり,一般にリーフレット形式でまとめられる。マニュアルは,大部で詳細なものではなく,例えばOPACの一般的な利用法を簡易にまとめるなど,コンパクトなものも重要である。いずれもウェブで公開されることも増えている。
(日本図書館協会図書館ハンドブック編集委員会編.図書館ハンドブック.第6版.東京,日本図書館協会,2005,95)

➤ 調べ方マニュアルと他の関連する用語との共通点と違い

本事業で定める調べ方マニュアルとパスファインダー、図書館パスファインダー、主題文献案内、主題別文献案内との共通点は、特定のテーマ（分野、主題等を含む）を設定し

ていることです。

　しかし、具体的にみていくと違いが出て来ます。例えば、本事業では、雑誌記事や新聞記事の探し方の案内など、図書館が所蔵している資料（アクセスできるネット上の情報源、データベース等も含む）のうち、基本的な資料に関する探し方も対象範囲に入れていますが、パスファインダー、図書館パスファインダーの場合は含まれません[8]。

　なお、図書館の現場では、調べ方マニュアルに類似した概念で「調べ方案内」、「調べ方ガイド」という用語も使われています。[9]

注および参考文献
（ウェブサイトの最終確認日は全て2007年2月28日）

1　国立国会図書館関西館事業部．レファレンス協同データベース事業　データ作成・公開に関するガイドライン．精華町(京都府)，国立国会図書館，2006，1冊．
　本書はレファレンス協同データベース事業の参加館の要望を受け、データの効率的な作成に資するため、またデータ公開の基準を示すために策定、配布したものです。レファレンス協同データベース事業サイトで公開しているほか、同内容のものが日本図書館協会から販売されています。

2　『ガイドライン』8ページに次の文章があります。
　　　　　　（2）調べ方マニュアルデータ
　　　　　　　特定のテーマやトピックに関する情報源の探索方法を説明した情報
　この定義を採用しました。

3　ユビキタスネット社会の実現に向けた政策懇談会．"「ユビキタスネット社会の実現に向けた政策懇談会」最終報告書"．2004．（オンライン），入手先 <http://www.soumu.go.jp/s-news/2004/pdf/041217_7_bt2_all.pdf>

4　これからの図書館の在り方検討協力者会議．"これからの図書館像－地域を支える情報拠点をめざして（報告）"．2006．（オンライン），入手先 <http://www.mext.go.jp/b_menu/houdou/18/04/06032701/009.pdf>

5　図書館をハブとしたネットワークの在り方に関する研究会．"地域の情報ハブとしての図書館－課題解決型の図書館を目指して"．2005．（オンライン），入手先
<http://www.mext.go.jp/a_menu/shougai/tosho/houkoku/05091401/all.pdf>

6　このようなサービスとして、東京都立中央図書館では、「ニュースレファレンス」及び「クローズアップ東京情報」を同館ホームページで半月ごとに交替で更新しています。
　東京都立図書館．"東京都立図書館"．東京都立図書館．（オンライン），入手先 < http://www.library.metro.tokyo.jp/index.html>
　東京都立図書館．"東京都立図書館のレファレンス"．東京都立図書館．（オンライン），入手先 <http://www.library.metro.tokyo.jp/16/index.html>
　東京都立中央図書館．"2．都立図書館の新たなサービス戦略．"東京都立中央図書館三十年史．東京，東京都立中央図書館，2003，58-72．
　東京都立中央図書館情報サービス部情報サービス課．"アクティブな情報サービスをめざして：「ニュースレファレンス」と「クローズアップ東京情報」"．構造改革下の公共図書館．東京，高度映像情報セ

ンター，2004, 42-49.

7 愛知淑徳大学図書館. "愛知淑徳大学図書館 Aichi-shukutoku University Library". (オンライン), 入手先 <http://www2.aasa.ac.jp/org/lib/>
同大学図書館の最初のページの記載は、「基本資料リスト　パスファインダー」になっていますが、クリックしてページを開くと「パスファインダー」となっています。そこには「パスファインダー（Pathfinder）とは」として、「パスファインダー（Pathfinder）は、直訳すると道しるべ。特定のトピックや主題に関する資料・情報を収集する際に、図書館の提供できる関連資料のリストです。」となっています。本文で引用した定義と異なっています。これだけ見ても、「パスファインダー」という言葉がはっきりとした意味内容を日本ではまだ持っていないことを示していると言ってよいでしょう。これが「パスファインダー」という外来語のわかりにくさにもなっていると思われます。

8 「パスファインダー」という言葉は、日本語としてなじみがない上に、ずいぶんとわかりにくい言葉です。日本語として、図書館としてわかる言葉を使う必要があります。国立国会図書館が使っている「テーマ別調べ方案内」は、この種の一連の言葉で一番わかりやすい言葉と言えます。
国立国会図書館. "国立国会図書館：テーマ別調べ方案内". （オンライン)，入手先<http://www.ndl.go.jp/jp/data/theme.html>

9 「調べ方案内」や「調べ方ガイド」という言葉を使っている図書館の例としては、以下のようなところがあります。
埼玉県立図書館. "調べ方案内". （オンライン)，入手先 <http://www.lib.pref.saitama.jp/stplib_doc/reference/shirabekata.html>
嘉悦情報メディアセンター. "調べ方ガイド". 嘉悦情報メディアセンター. (オンライン), 入手先 <http://www.kaetsu.ac.jp/~toshokan/guide/>
日本貿易振興機構. "テーマ別調べ方ガイド（FAQ：よくあるご質問)". 日本貿易振興機構. （オンライン)，入手先 <http://www.jetro.go.jp/library/reference/>

調べ方マニュアルデータ集

データと解説

掲載データの選定について

　本書に掲載した調べ方マニュアルデータは、2006年10月末までにレファレンス協同データベースに登録された公開データ（一般公開レベル及び参加館公開レベル。登録件数303件）を対象とし、レファレンス協同データベース事業企画協力員が選定した。
選定にあたっては、以下の点に留意した。

(1)　レファレンス協同データベース事業の参加館である公共図書館、大学図書館、専門図書館、国立国会図書館それぞれの館種について特徴的なデータを選定した。

(2)　以下の点で偏りがないよう配慮した。
　・データを作成した図書館の規模
　・作成のきっかけ
　・想定する対象（利用者）―新入生、初学者、在学者、ビジネスユーザなど
　・テーマ

凡　例

　調べ方マニュアルデータ集を構成する各項は、解説、調べ方マニュアルデータ、データ提供館情報、参考情報からなる。なお、国立国会図書館の調べ方マニュアルデータに関しては、別途項目を追加し、解説を付した。ウェブサイトのURLの最終確認日は、特記しているものを除き、すべて2007年2月28日である。

(1)　解説
　それぞれの調べ方マニュアルデータを読むにあたって、注目すべきポイントや、そのデータの特徴などを解説した。

(2)　調べ方マニュアルデータ
　調べ方マニュアルデータは、調べ方、ＮＤＣ、参考資料、キーワード、備考、調べ方作成日、完成／未完成、登録番号、登録日時、最終更新日時、管理番号、公開レベルを記載している。（当該データに項目内容の記載がない場合は項目の表示を省略した）

(3)　データ提供館情報
　それぞれの調べ方マニュアルデータを作成したデータ提供館に関する情報を記載した。②から⑤については、本書刊行にあたってデータ提供館に実施したアンケートへの回答をもとにしている。複数のデータを掲載する館についても、データを個別に読むことを想定して、各データに付している。

①　基本情報
　館種：公共、大学、専門、国立国会図書館の種別を記載した。
　職員数：データ提供館の専任職員、非常勤・臨時職員の人数を記載した。なお、人数は『日本の図書館2006』又は『専門情報機関総覧2006』によるが、提供館が希望された場合は、確認日を付して最新の情報を掲載した。
　事業への参加時期：データ提供館が本事業の参加館となった年月を記載した。
　公開データ数：データ提供館の平成19年1月9日現在の一般公開レベル及び参加館公開レベルのデータ数を記載した。

②　調べ方マニュアル作成について
　それぞれのデータ提供館における調べ方マニュアル作成への取り組みが理解できるよう、「作成開始時期」「作成の目的」「対象」「作成のタイミング」「担当」に編集して示した。

③ このデータについてひとこと
それぞれのデータ提供館が当該データを作成する際、テーマをどのように設定したか、また留意、工夫、苦労した点などを示した。

④ 関連するコンテンツ
データ提供館が自館のウェブサイトなどで調べ方マニュアルに類するコンテンツを掲載している場合、URLとともに紹介した。

⑤ 補足
上記以外で、当該データに関連する情報を記載した。

(4) 参考情報
解説の理解を助けるため、必要に応じて、参考にすべき調べ方マニュアルデータや、ウェブサイト、参考文献等の情報を記載した。調べ方マニュアルデータについては、「調べ方テーマ」の後ろに（）書きでデータ提供館名と当該データの登録番号を付し、あわせてデータのURLを示した。

1 公共図書館の調べ方マニュアル

1.1 基本的なテーマや資料を調べる

⑴ 東京都立中央図書館　テーマ：知っていると便利　　人物情報をさがすには
（http://crd.ndl.go.jp/GENERAL/servlet/detail.manual?id=2000000064）

> 東京都立図書館のホームページには、「テーマ別に調べるには『知っていると便利』シリーズ」が掲載されています。このデータはその1つです。また、それらは図書館内でも配布されていて、アンケートには「利用者のセルフレファレンス用として作成している。都立中央図書館が所蔵する資料を利用者によりよく活用していただくことを目的に、主要な参考図書や検索方法をまとめて印刷物として、館内で配布している。」と回答が寄せられています。
>
> このデータは、「現存の人物を探すための人名録」から紹介をはじめ、「会社人名録」、「公務員」、「著作のある人物」、「タレント・マスコミ関係」と、現在活躍中の人物を調べるレファレンスツールが並んでいます。これは人物関係の質問が、都立中央図書館では現在活躍中の人物に関して聞かれる割合が高いという結果から導き出されているものと思われます。
>
> 続いて、「人名事典」、「人名索引―どの人名事典・専門事典・百科事典に載っているかを調べる」「人物文献索引―伝記、研究書、論文、雑誌記事、著作目録、年譜等を調べる」、「物故者事典―亡くなった人物について、没年月日、略歴等を調べる」、「人物の肖像・写真を探す」、「人物の特定や人名の読みを調べる」、「参考文献」と項目が並んでいます。それぞれレファレンスツールが並んでいて、書誌事項、請求記号、所在の階、簡単な解説があります。
>
> 東京都立図書館のホームページの「テーマ別に調べるには『知っていると便利』シリーズ」には、「人物情報（自然科学・工学・医学・建築ほか）」もあります。（調べ方マニュアルには「知っていると便利　人物情報（自然科学・工学・医学・建築ほか）」として収録されています。）

調　べ　方

人物情報を探すための主な資料をご紹介します。（☆印から始まるタイトルは、年鑑・年報類です。）

◇現存の人物を探すための人名録

『現代日本人名録　2002』新訂（日外アソシエーツ　2002）　［R281.03/5012/2002-1～4］3階
　　著述家や表現活動を行っている人物（在日外国人を含む）を多く収録。2004年版はCD-ROM版。

☆『人事興信録』　（興信データ　隔年刊）　［R281.03/5046/　］3階
　　現代日本の政治、経済、教育、放送、芸術等で活躍している日本人・在日外国要人を収録。家族関係

が詳しい。

☆『日本紳士録』 交詢社出版局編 （ぎょうせい 隔年刊） ［R281.03/5018/ ］ 3階
　『人事興信録』と交互に発行されている。

『現代外国人名録 2004』 新訂（日外アソシエーツ 2000） ［R280.3/5003/2004］ 3階
　日本で広く知られるようになった外国人の略歴、業績などを収録。

☆『Who's who : an annual biographical dictionary』（A. & C. Black） ［DRF280.3/W62/W2- ］3階
　イギリス中心。物故者は不定期刊の『Who was who』に収録される。

☆『Who's who in America』（Marquis Who's Who） ［DRF285.3/W62/W1- ］3階
　アメリカ中心。物故者は不定期刊の『Who was who in America』に収録される。

☆『Who's who in the World』（Marquis Who's Who） ［DRF280.3/W62/W5- ］3階
　全世界470,00名以上を収録する。

◇会社人名録
☆『会社職員録　全上場会社版』（ダイヤモンド社　1935- ） ［R281.03/5036/ ］3階
　全国証券取引所上場会社を証券コード順に排列。

☆『会社職員録　非上場会社版』（ダイヤモンド社　1965- ） ［R281.03/5020/ ］3階
　全上場会社版の姉妹編。

◇公務員
☆『職員録』（国立印刷局） ［R281.03/5033/ ］　3階
　官公庁の総合職員名簿（係長級以上）。上巻は国の機関、独立行政法人等、下巻は地方公共団体。平成11～16年版はCD-ROMあり。

◇著作のある人物を探す
『現代日本執筆者大事典 第4期』紀田順一郎他編 （日外アソシエーツ 2003） ［R281.03/5073/2003-1～5］3階
　1992年から2002年までの図書、雑誌、新聞などの執筆者を広く収録する。自然科学分野を除く、人文・社会科学分野を中心とする。第5巻索引はCD-ROM。

☆『文化人名録（著作権台帳）』（著作権協議会　1951-2001 隔年刊） ［R281.03/5051/ ］3階
　各版刊行時の調査による著作権所有関係者の名簿。別冊の索引・資料編に人名索引。26版（2001年刊）が最後で、同協議会は解散。

『研究者・研究課題総覧 1996』 電気・電子情報学術振興財団編 （紀伊国屋書店 1997） ［DR0610/21/96-1～9］　1階　一般参考室
　大学・短大・高専・文部省関係研究機関等の研究者を収録。9巻が総合索引。最新情報は科学技術振興機構のHP「ReaD」http://read.jst.go.jp/で調べることができる。

☆『Contemporary authors; a bio-bibliographical guide to current writers in fiction, general non fiction, poetry, journalism, drama, motion pictures, television, and other fields』（Gale Research 1962 - ）　［DRF9035/C76/C1-1 ～ ］3階

　　米国人を中心に、現代の幅広い分野の執筆者の経歴、著作、関連文献などを収める。

◇タレント・マスコミ関係
『テレビ・タレント人名事典』　第6版　（日外アソシエーツ 2004）　［R770.3/5006/2004］3階
　　テレビ、ラジオ、映画、演劇、寄席演芸、歌舞伎、音楽等の芸能人、タレントを収録。

◇人名事典（一般的なもの）
『世界人名辞典』　新版増補版　全3巻（東京堂 1990 - 1994）　［R2803/4/1A～3A］3階
　　「西洋編」「東洋編」「日本編」の3分冊。「西洋編」は、原綴索引あり。中国・朝鮮の人名は漢字日本語読み。
『世界伝記大事典』　全19冊　（ほるぷ出版 1978 - 1981）　［DR2803/14/1～18-1,2 ］3階
　　1～5巻:「日本・朝鮮・中国編」6～17巻:「世界編」18-1巻:「総索引」18-2巻:「日本・朝鮮・中国編」
『岩波ケンブリッジ世界人名辞典』　（岩波書店 1997）　［R2803/3027/97］　3階
　　姓と名の両方の読みあり。英語の原版から日本人を除き、中国人を増補。欧文索引あり。
『岩波西洋人名辞典』　増補版　（岩波書店 1981）　［R2803/3C/81］3階
　　ヨーロッパ、南北アメリカから中近東、アフリカ、大洋州、インドまでの古今の人物を収録。
『コンサイス外国人名事典』　第3版　（三省堂 1999）　［R2813/36A/99］3階
　　近・現代に重点をおき、世界各国の人物を広範囲に収録。中国・朝鮮の人名は漢字日本語読み。
『コンサイス日本人名事典』　第4版　（三省堂　2001）　［R281.03/5052/2001］3階
　　神話・伝説上の人物から現存の人物まで、日本と重要な関わりをもつ外国人も収録。
『講談社日本人名大辞典』　（講談社　2001）　［R281.03/5054/2001］3階
　　古代から現代まで、日本の歴史を築いてきた人物（外国人を含む）、および、神話・伝説・小説などに登場する神々や架空人物を収録。CD-ROM版あり。
『新潮日本人名辞典』　（新潮社　1991）　［R2813/3051/91］3階
　　古代から現代までの日本人(来日外国人、日本と関係の深い外国人を含む)を収録。
『日本近現代人物履歴事典』　（東京大学出版会　2002）　［R281.03/5060/2002］　3階
　　明治維新から2000年前後までの各界著名人3,246人の履歴を年譜スタイルで収録した人物事典。
『20世紀日本人名事典』　（日外アソシエーツ 2004）　［R281.03/5079/1,2］　3階
　　20世紀に活躍した日本人（来日外国人等を含む）を収録。
『現代日本朝日人物事典』　（朝日新聞社 1990）　［R2813/3047/90］3階
　　昭和以降の現代日本で活躍した人物を収録。
『朝日日本歴史人物事典』　（朝日新聞社 1994）　［R2813/3139/94］3階
　　上記の姉妹編。古代から大正時代までの日本歴史に登場した人物を収録。
『日本近現代人名辞典』（吉川弘文館 2001）［R281.03/5049/2001］　3階
　　幕末から現代までの顕著な業績を示した人物を収録。

『日本近世人名辞典』（吉川弘文館 2005）　［R281.03/5092/2005］　3階
　　1590年～1877年の間に顕著な業績を示した人物を収録。
『世界女性人名大辞典』（国書刊行会 2005）　［R280.3/5022/2005］3階
　　古代から現代までの女性約2,000人を収録。
『日本女性人名辞典』普及版（日本図書センター 1998）　［R281.03/5025/1998］3階
　　古事記、日本書紀から現代までの物故女性を収録。
『国書人名辞典』市古貞次ほか編（岩波書店 1993 - 1999）　［R2813/3098/1～5］3階
　　『国書総目録』に収録の国初から慶応4年までの著編者で伝記の判明している人物約30,000人を収録。

◇人名索引－どの人名事典・専門事典・百科事典に載っているかを調べる
『人物レファレンス事典　古代・中世・近世編』新訂増補（日外アソシエーツ 1996）［R281.03/5023/1, 2］　3階
　　主な人物事典・百科事典・歴史事典などに掲載された人物の総索引。
『人物レファレンス事典　明治・大正・昭和(戦前)編』新訂増補（日外アソシエーツ 2000）［R281.03/5023/3,4］　3階
　　72種194冊の人名事典類の人物総索引。
『人物レファレンス事典　昭和(戦後)・平成編』新訂増補（日外アソシエーツ 2003）［R281.03/5023/5,6］　3階
　　78種203冊の人名事典類の人物総索引。
『外国人物レファレンス事典　古代－19世紀』（日外アソシエーツ 1999）　［R2803/3032/1～7］3階
　　19世紀以前に活躍した外国人（西洋人、東洋人）の総索引。
『外国人物レファレンス事典　20世紀』（日外アソシエーツ 2002）　［R280.3/5011/1～7］3階
　　20世紀に活躍した外国人（西洋人、東洋人）の総索引。
『Biography and genealogy master index』 2nd ed. (Gale Research, c1980) ［DRF2803/B61/B4-1～8］3階
『Biography and genealogy master index, 1981-85 cumulation』　［DRF2803/B61/B6-1～5］　3階
『Biography and genealogy master index: 1986-90 cumulation』　［DRF2803/B61/B5-1～3］3階
　　人名からその人物情報が記載されている人名事典、人名録、系譜等の英語文献がわかる索引。

◇人物文献索引－伝記、研究書、論文、雑誌記事、著作目録、年譜等を調べる
『伝記・評伝全情報　45/89, 90/94, 95/99, 00/04』（日外アソシエーツ 1991,1995, 2000）　45/89, 90/94［R2803/3007/　］ 95/99, 00/04［R280.3/3007/　］　3階
　　児童書をのぞく図書から伝記、評伝、自伝、回想録、日記、書簡などを採録。
『人物研究・伝記評伝図書目録』（図書館流通センター 1994）　［R2803/3018/1～3］3階
　　日本人・東洋人篇、西洋人篇に分け、伝記・評伝等を採録。
『続 人物研究・伝記評伝図書目録』（図書館流通センター 2001）［R2803/3018/4～6］3階
　　上記の続編で1994年以降2000年6月末まで。

☆『人物文献目録』 森睦彦編 （日外アソシエーツ 1981 - ） ［R2803/22/ ］3階
　　　人物文献（年譜・著作リストも含む）を図書・雑誌から採録。
『日本人物文献目録』 法政大学文学部史学研究室編 （平凡社 1974） ［R2813/30/74］3階
　　　明治～1966年刊行の図書、雑誌から 3万人の人物情報12万点を網羅的に収録。
『人物書誌索引』 深井人詩編 （日外アソシエーツ 1979） ［R2803/17/79］3階
　　　1966年から1977年までに発表された日本語文献から個人の著作目録・年譜・参考文献等の人物書誌約 8,000件を収録。
『人物書誌索引　78/91』 深井人詩、渡辺美好共編 （日外アソシエーツ 1994） ［R2803/17/91］ 3階
　　　1979年刊に続き、1978－1991年に発表された人物書誌を収録。
『人物書誌索引　1992-2000』 深井人詩編 （日外アソシエーツ 2003） ［R280.3/17/2000］3階
　　　1994年刊に続き、1992－2000年に発表された人物書誌を収録。
『日本女性人名総索引』 （日本図書センター 2002） ［R281.03/5084/1，2］3階
　　　古代から現代までの日本人女性および日本と関係の深い外国人女性の人名索引。

◇物故者事典－亡くなった人物について、没年月日、略歴等を調べる
『明治過去帳　物故人名辞典』 新訂版 大植四郎著 （東京美術 1971） ［R2813/3A/83］3階
『大正過去帳　物故人名辞典』 稲村徹元等編 （東京美術 1973） ［R2813/10/73］3階
『昭和物故人名録　昭和元年～54年』 （日外アソシエーツ 1983） ［R2813/182/83］3階
『現代物故者事典　1980～1982』 （日外アソシエーツ 1983） ［R2803/3016/82］3階
『ジャパンWho was who 物故者事典 1983～1987』（日外アソシエーツ 1988） ［R2813/3099/87］3階
『現代物故者事典　1988～1990，同1991～1993，同1994～1996，同1997～1999，同2000～2002』（日外アソシエーツ ,1997,2000,2003） ［R2803/3016/90 ～ R280.3/3016/ ］3階
『ＣＤ現代日本人名録:物故者編　1901-2000』 （日外アソシエーツ 2001） ［PR281.03/5067/2000］ （各階端末）
　　　1901-2000年の物故者9.7万人を収録。

◇人物の肖像・写真を探す　　§ 百科事典にも肖像・写真が豊富に掲載されています。
『日本名家肖像事典』 （ゆまに書房 1988 - 1990） ［R2813/237/1～18］3階
『日本肖像大事典　上・中・下』 （日本図書センター 1997） ［DR2813/3238/1～3］3階
『日本女性肖像大事典』 （日本図書センター 1995） ［D2813/3205/95］3階

◇人物の特定や人名の読みを調べる
『国立国会図書館著者名典拠録　明治以降日本人名』第2版（国立国会図書館 1991） ［R2813/3058/1～6］ 3階
　　　国立国会図書館が目録記入に採用した明治以降の日本人著者名約20万件の典拠録。
『日本著者名・人名典拠録』 新訂増補版（日外アソシエーツ 2002） ［R281.03/5061/1～4］ 3階
『西洋人名・著者名典拠録』 （日外アソシエーツ 1990） ［R2813/3005/1,2］ 3階

『日本史人名よみかた辞典』（日外アソシエーツ 1999）［R2813/3274/99］3階
　　古代から幕末までの日本人名(一部外国人、神名、架空人名を含む)を収録。

『号・別名辞典』（日外アソシエーツ 2003）［R281.03/5070/1,2］3階
　　「古代～近世」「近代・現代」の2分冊。号・通称・諱・名・字・芸名・筆名等から引ける。

『苗字8万よみかた辞典』（日外アソシエーツ 1998）［R2813/3259/98］3階
　　漢字84,000種、読み 130,000種の苗字を収録。

『名前10万よみかた辞典』（日外アソシエーツ 2002）［R288.1/5025/2002］3階
　　漢字106,000種、読み 137,000種の名前を収録。

『カタカナから引く外国人名綴り方字典』（日外アソシエーツ 2002）［R288.1/5017/2002］3階
　　姓名両方のカナ表記に対応するアルファベット表記を収録。

『アルファベットから引く外国人名よみ方字典』（日外アソシエーツ 2003）［R288.1/5026/2003］3階
　　上記の姉妹編。アルファベット表記に対応するカナ表記を収録。

◇参考文献
『日本人名情報索引』 改訂増補版 馬場萬夫編著（国立国会図書館 1990）［R2813/218A/90］3階
　　国立国会図書館が所蔵する日本人についての人名事典・人名録等を収録。

N D C	伝記（28：9版）		
キーワード	人物, 人物情報, 人名		
備　　　考	http://www.library.metro.tokyo.jp/16/16350.html		
調べ方作成日	2006/03/00		
登 録 番 号	2000000064	登 録 日 時	2004年03月06日 20時04分
最終更新日時	2007年02月09日 15時29分	管 理 番 号	都立図調-0002
公開レベル	一般公開		

データ提供館情報

[基本情報]

館種： 公共（都道府県立）

職員数（専任計, 非常勤・臨時）：（136, 26）

事業への参加時期： 2003年12月から

公開データ数：（レファレンス事例1092, 調べ方マニュアル11, 特別コレクション16）

[調べ方マニュアル作成について]

作成開始時期： 1996年度から

目的： 利用者のセルフレファレンス用として作成している。都立中央図書館が所蔵する資料を利用者に

よりよく活用していただくことを目的に、主要な参考図書や検索方法をまとめて印刷物として、館内で配布している。

対象： 利用者全般

作成のタイミング： 内容の更新は年に1回。新規作成は不定期。

担当： テーマの選定と作成は、各テーマを扱っている係の担当者（各係1人）が行う。資料の解題については、担当者以外の職員で分担することもある。

[このデータについてひとこと]
日常のサービスの中で必要性を感じたので作成した。

[関連するコンテンツ]
テーマ別に調べるには　知っていると便利シリーズ
　（東京都立図書館ホームページ＞テーマ別に調べるには）
　http://www.library.metro.tokyo.jp/16/16300.html
　　＞知っていると便利　人物情報をさがす（一般）
　　　http://www.library.metro.tokyo.jp/16/16350.html

◆参考情報

【人物情報に関する調べ方マニュアルデータ】

「肖像（日本人）」（国立国会図書館　2000001472）
　http://crd.ndl.go.jp/GENERAL/servlet/detail.manual?id=2000001472

「肖像（外国人）」（国立国会図書館　2000001832）
　http://crd.ndl.go.jp/GENERAL/servlet/detail.manual?id=2000001832

「姓氏・家系」（国立国会図書館　2000001831）
　http://crd.ndl.go.jp/GENERAL/servlet/detail.manual?id=2000001831

「姓名（外国人）」（国立国会図書館　2000000618）
　http://crd.ndl.go.jp/GENERAL/servlet/detail.manual?id=2000000618

「著者の没年を調べるには」（国立国会図書館　2000000778）
　http://crd.ndl.go.jp/GENERAL/servlet/detail.manual?id=2000000778

「図書館調査ガイド　ビジネス関連の人物情報を探す」（大阪府立中之島図書館　2000000835）
　http://crd.ndl.go.jp/GENERAL/servlet/detail.manual?id=2000000835

「人物情報」（嘉悦大学情報メディアセンター　2000001237）
　※～図書館ガイドブック・番外編シリーズ　パスファインダー（2）人物情報を調べよう（日本編）～
　http://crd.ndl.go.jp/GENERAL/servlet/detail.manual?id=2000001237

「人物情報」（嘉悦大学情報メディアセンター　2000001238）
※～図書館ガイドブック・番外編シリーズ（3）人物情報の探し方（外国編）～
http://crd.ndl.go.jp/GENERAL/servlet/detail.manual?id=2000001238

(2)　東京都立中央図書館　テーマ：知っていると便利　雑誌や新聞の記事を調べるには
　　（http://crd.ndl.go.jp/GENERAL/servlet/detail.manual?id=2000001267）

　東京都立中央図書館が所蔵している新聞や雑誌の記事を探すために役立つ資料を紹介しています。はじめて東京都立中央図書館を利用する人にもわかるように、丁寧に書かれています。「1．雑誌の記事・論文を調べるには？」、「2．新聞の記事を調べるには？」、「3．利用方法」から構成されていて、「1」は、さらに「雑誌記事索引」、「抄録誌（雑誌等の内容を要約したもの）」、「総目次・総索引（雑誌の目次を集めたもの）」に分けてあります。
　最後に「詳しいことは、1階　新聞雑誌室、一般参考室の相談カウンターにおたずねください。」と相談する窓口も紹介しています。

調べ方

雑誌や新聞の記事を調べる方法がわからなくて困ったことはありませんか？
東京都立中央図書館が所蔵している雑誌や新聞の記事を探すために役立つ資料をご紹介します。

1．雑誌の記事・論文を調べるには？
◇雑誌記事索引
『雑誌記事索引』
　　国立国会図書館が収集した国内刊行の雑誌約10,000誌を対象とし、学術論文・記事などを採録した記事索引。
　　【所蔵範囲・採録期間】
　　　・インターネット：http://opac.ndl.go.jp/　1948年～
　　　・季刊版：1995.12で終刊。　1階　新聞雑誌室
　　　・累積索引版：人文・社会編　［R0251/15/　］　1階　一般参考室
『大宅壮一文庫雑誌記事索引』
　　大宅壮一文庫が収集した週刊誌・女性誌・総合誌等の記事索引。収録件数は約371万件。
　　【所蔵範囲・採録期間】
　　　・CD-ROM：1988年～　マルチ検索パソコン
　　　・「大宅壮一文庫雑誌記事索引総目録」　～1995年まで。　［R0503/234/　］　1階　新聞雑誌室、

　　　　　一般参考室

『CDジャーナルインデックス』

　　総合誌・一般誌166誌に掲載された記事約88万件を収録。

　　【所蔵範囲・採録期間】

　　　・CD-ROM：1981～2000年　マルチ検索パソコン

『法律判例文献情報』

　　法律・判例関係の文献情報を収録。「文献編」と「判例編」にわかれている。

　　【所蔵範囲・採録期間】

　　　・CD-ROM：1982～2005.6　2階　社会科学室

　　　・月刊版：1981.4～　1階　新聞雑誌室

　　　・年間索引号：1981～2001　1階　新聞雑誌室

『General Science Index』

　　自然科学関係の英文雑誌（約90誌）の記事索引。

　　【所蔵範囲・採録期間】

　　　・年刊版：1982・1983～2001・2002年　4階　自然科学室

『Humanities Index』

　　人文科学分野の英文雑誌（約300誌）の記事索引。

　　【所蔵範囲・採録期間】

　　　・年刊版：1982年～　　1階　一般参考室

　　　・季刊版：1983.6～　　1階　新聞雑誌室

『Readers' Guide to Periodical Literature』

　　米国とカナダで出版されている240以上の一般雑誌の記事を対象とした記事索引。

　　【所蔵範囲・採録期間】

　　　・年刊版：1900年～　　1階　一般参考室

　　　・月刊版：1972.2～　　1階　新聞雑誌室

『Social Sciences Index』

　　社会科学の英文雑誌（約300誌）の記事索引。

　　【所蔵範囲・採録期間】

　　　・年刊版：1985～　　2階　社会科学室

『東京関係雑誌記事索引』

　　東京室所蔵雑誌のうち約100誌を収録。収録件数は約7万件。

　　【所蔵範囲・採録期間】

　　　・都立図書館ホームページ：http://www.library.metro.tokyo.jp/　1993～2003年発行分

◇抄録誌（雑誌等の内容を要約したもの）

『科学技術文献速報（BUNSOKU）』

　　年間約70万件の国内外の雑誌・会議資料・技術レポート類・政府公共団体の資料等を収録。約10種に

編別区分されている。
- 【所蔵範囲・採録期間】
  - ・CD-ROM：1995年～　4階　自然科学室
  - ・冊子体：刊行頻度は編によって異なる。2004.4からCD-ROM版のみ。　1階　新聞雑誌室

◇総目次・総索引（雑誌の目次を集めたもの）
『東京都立中央図書館新聞雑誌室所蔵　新聞・雑誌総目次・総索引一覧』
　新聞雑誌室所蔵雑誌の総目次・総索引を調べるためのリスト。収録件数は約5,400種、約37,000件。
- 【所蔵範囲・採録期間】
  - ・パソコン入力データを出力。バインダー綴じ2分冊。最新版:2005.6発行。　1階　新聞雑誌室、一般参考室

2．新聞の記事を調べるには？
『朝日新聞』
- ・『戦後見出しデータベース(CD-ASAX)』：記事索引
  - 【所蔵範囲・採録期間】CD-ROM：1945～1999年　マルチ検索パソコン
- ・『戦前紙面データベース』：記事〔原紙イメージ〕
  - 【所蔵範囲・採録期間】CD-ROM：1926.12～1945.12　マルチ検索パソコン
- ・『CD-HIASK』：記事データベース
  - 【所蔵範囲・採録期間】CD-ROM：1992年～　1階　新聞雑誌室
- ・『朝日新聞記事総覧』：東京朝日新聞・朝日新聞縮刷版巻頭の目次の索引
  - 【所蔵範囲・採録期間】冊子体：1912.7～1992.12　[DR0703/21/　]　1階　新聞雑誌室・一般参考室

『読売新聞』
- ・『明治・大正・昭和戦前の読売新聞』：記事〔明治・大正・昭和戦前の読売新聞を原紙イメージ〕
  - 【所蔵範囲・採録期間】CD-ROM：明治期（1874.11～1912.7）、大正期（1912.7～1926.12）、昭和戦前Ⅰ（1926.12～1936.12）、昭和戦前Ⅱ（1937.1～1945.12）　1階　新聞雑誌室のマルチ検索パソコン
- ・『読売ニュース総覧』：ニュース記事の索引と抄録。一般索引、企業名、連載、人名からの検索が可能。
  - 【所蔵範囲・採録期間】年刊版：1980～1994年　[DR0703/24/　]　1階　新聞雑誌室・一般参考室

『毎日新聞』
- ・「記事索引」
  - 【所蔵範囲・採録期間】CD-ROM：1991-1995年　1階　新聞雑誌室
- ・「記事データベース」
  - 【所蔵範囲・採録期間】CD-ROM：1991～　1階　新聞雑誌室

『日本経済新聞』
- 「記事データベース」
    【所蔵範囲・採録期間】CD(DVD)-ROM：1994年〜　1階　新聞雑誌室

『日経産業新聞』『日経金融新聞』『日経流通新聞』
- 「記事データベース」
    【所蔵範囲・採録期間】CD(DVD)-ROM：1998年〜　1階　新聞雑誌室

『電波新聞』
- 「記事〔原紙イメージ〕」
    【所蔵範囲・採録期間】CD-ROM：1997.9〜　1階　新聞雑誌室

『織研新聞』
- 「記事〔原紙イメージ〕」
    【所蔵範囲・採録期間】CD-ROM：2002.4〜　1階　新聞雑誌室

『日刊工業新聞』
- 「記事〔原紙イメージ〕」
    【所蔵範囲・採録期間】CD-ROM：2003.4〜　1階　新聞雑誌室

『しんぶん赤旗』
- 「記事データベース」
    【所蔵範囲・採録期間】CD-ROM：2004.4〜　1階　新聞雑誌室

『Frankfurter Allegemeine』
- 「記事データベース」
    【所蔵範囲・採録期間】CD-ROM：1993〜2001年　1階　新聞雑誌室

『The New York Times Index』
- 「記事索引」
    【所蔵範囲・採録期間】年刊版：1851年〜　欠号あり。1939〜1946年は複製版。　1階　新聞雑誌室

『Times Index』
- 「記事索引」
    【所蔵範囲・採録期間】年刊版：1906年〜　欠号あり。1906〜1971年は複製版。　1階　新聞雑誌室

『Le Monde Index』
- 「記事索引」
    【所蔵範囲・採録期間】年刊版：1989年〜　1階　新聞雑誌室

『人民日報索引』
- 「記事索引」
    【所蔵範囲・採録期間】月刊版：1948年〜　欠号あり。1948〜1971年は複製版。　1階　新聞雑誌室

3．利用方法

＊雑誌・新聞を所蔵しているのは

→ 新聞雑誌室（1階）　雑誌・紀要約11,000種、新聞約600紙を所蔵。詳しい利用方法は、リーフレット「新聞雑誌室のご案内」をご覧ください。

→ 東京室（5階）東京関係の雑誌（『東京人』『Ｈａｎａｋｏ』など）約1,300誌、都内自治体等の広報紙（『広報東京都』など）約410紙を所蔵。

(1) ご利用になりたい雑誌や新聞を当館で所蔵しているかどうかご確認ください。検索パソコンで調べることができます。また、冊子体目録『東京都立中央図書館・多摩図書館　新聞・雑誌目録』のご利用も便利です。冊子体目録に"総目次あり・総目次掲載号あり"と書かれた雑誌・新聞については『新聞・雑誌総目次・総索引一覧』をご覧ください。

(2) 当館で所蔵している場合は、資料請求票（新聞雑誌用）に記入、または検索パソコンで資料請求票を印刷して、1階の新聞雑誌室カウンターにお出しください。（東京関係は5階　東京室へ）

詳しいことは、1階 新聞雑誌室、一般参考室の相談カウンターにおたずねください。

Ｎ　Ｄ　Ｃ	逐次刊行物　（05：9版）		
キーワード	雑誌記事，新聞記事		
備　　　考	http://www.library.metro.tokyo.jp/16/16311.html		
調べ方作成日	2006年03月		
登　録　番　号	2000001267	登　録　日　時	2006年10月06日18時54分
最終更新日時	2007年02月09日　15時21分	管　理　番　号	都立図調-0011
公開レベル	一般公開		

データ提供館情報

[基本情報]

館種：　公共（都道府県立）

職員数（専任計，非常勤・臨時）：（136，26）

事業への参加時期：　2003年12月から

公開データ数：（レファレンス事例1092，調べ方マニュアル11，特別コレクション16）

[調べ方マニュアル作成について]

作成開始時期：　1996年度から

目的：　利用者のセルフレファレンス用として作成している。都立中央図書館が所蔵する資料を利用者によりよく活用していただくことを目的に、主要な参考図書や検索方法をまとめて印刷物として、館内で配

布している。

対象： 利用者全般

作成のタイミング： 内容の更新は年に1回。新規作成は不定期。

担当： テーマの選定と作成は、各テーマを扱っている係の担当者（各係1人）が行う。資料の解題については、担当者以外の職員で分担することもある。

[このデータについてひとこと]

増加する電子資料（主にCD-ROM）を用いての新聞・雑誌記事検索の便を図るため作成した。

[関連するコンテンツ]

テーマ別に調べるには　知っていると便利シリーズ
　（東京都立図書館ホームページ＞テーマ別に調べるには）
　http://www.library.metro.tokyo.jp/16/16300.html
　　＞知っていると便利　雑誌や新聞の記事を調べるには
　　　http://www.library.metro.tokyo.jp/16/16311.html

◆参考情報

【新聞や雑誌の記事の調べ方を包括的に解説した調べ方マニュアルデータ】

「調べ方の近道案内　7　や、これは便利だ！雑誌記事の探し方（改訂）」（福岡県立図書館　2000000155）
　http://crd.ndl.go.jp/GENERAL/servlet/detail.manual?id=2000000155
「図書館調査ガイド　新聞記事を検索する　（日刊紙編）」（大阪府立中之島図書館　2000000343）
　http://crd.ndl.go.jp/GENERAL/servlet/detail.manual?id=2000000343

(3)　札幌市中央図書館　テーマ：統計／日本
　　（http://crd.ndl.go.jp/GENERAL/servlet/detail.manual?id=2000000143）

　　統計の調べ方を包括的に解説した事例を紹介します。市立図書館の事例です。まず最初の「調査方法」の項目で、「基本的な二次統計書からの調査」、「統計索引類（統計項目名から）の検索」、「統計調査名，統計書名の調査」、「キーワードからの調査」と4つ示して調査方法の全体を概観します。それから、「2」以下で、それぞれを詳しく案内するという方法をとっています。最初から詳しく案内することが、必ずしも

> 利用者にわかりやすいとは限りません。そうした意味でも参考になる事例です。

調べ方

参考調査係マニュアル　レファレンス／分野編3　統計／日本

1　調査方法
 1) 基本的な二次統計書からの調査
　　基本的な二次統計書の索引や目次で必要な統計表が収録されているかを調査し，さらに詳しい数値が必要な場合は「出典」として挙げられている元資料（一次統計資料）を所蔵調査する。
 2) 統計索引類（統計項目名から）の検索
　　統計索引類（後出「統計情報インデックス」や「日本統計索引」）で，統計項目名（「表題・表側」等に含まれる用語）から，収録表名と統計調査名を調べ，その統計調査の所蔵調査を行なう。
 3) 統計調査名，統計書名の調査
　　統計調査情報が判る資料から正式な報告書（統計書）名，刊行頻度と収録範囲を確認して，その統計書の所蔵調査を行なう。
 4) キーワードからの調査
　　一般的キーワードから，関連の有りそうなＮＤＣ分類を予測し，直接書架に行ってその統計項目を収録していそうな統計書や年鑑，白書等の内容を調べ，そこに収録されている統計表を調査する。

2　基本二次統計書（総合）
 1)「日本統計年鑑」　R351 ニ　年刊／所蔵：M15〜　日本統計協会
　・国土，人口，経済，社会，文化等あらゆる分野にわたる基本的な統計を網羅的かつ体系的に収録した総合統計書。
　「日本帝国統計年鑑」(明治15)〜　一時中断／昭和24から現書名
　・主要な統計に関しては直近ばかりでなく5年分や長期に渡り遡れるものも多い。表下の「資料」で出典（統計調査報告書名と作成部局名）が判る。
　・各分野の頭に収録統計調査の概要（調査開始年次も明記）。
　・巻末に五十音順の事項索引（頁ではなく表番号），下記「日本長期統計総覧」との対応表，都道府県別・男女別数値（有る統計の）一覧。
 2)「日本統計月報」　雑誌　月刊／所蔵：'82.1〜'06.3　日本統計協会
　・主要な最新の月次統計を幅広く体系的に収録。巻末に出典資料名一覧有。'06.3で廃刊。
 3)「日本長期統計総覧」　R351 ニ　全5冊／収録:明治（1868）〜昭和60（1985）※'06新版刊行
　・1)の累積版／各章末に注記及び資料名，各章頭に概要説明。
 4)「完結昭和国勢総覧」　R351 ト　全4冊／収録：大正15（1926）〜昭和63（1988）
　・各巻末に注記，資料，解説有り。第4巻目は「資料解説，統計調査要覧，事項索引」

3 索引からの調査，統計調査（書）名の確認・調査，主要ガイド
 1)「統計情報インデックス」 R351 ト 年刊 日本統計協会
  ・統計項目名からの検索＝キーワード索引（表題，表頭，表側等から抽出）
  ・統計調査報告書の概要
  ・統計表題一覧
  ・国及び一部民間
 2)「日本統計索引」 R351 N77 '76 日外アソシエーツ
  ・統計項目名からの検索（表題・表側の細目）
  ・国，地方公共団体の統計144種
 3)「統計調査総覧」 R351 ト 年刊 全国統計協会連合会
  ・調査の概要を知る／主題別配列／統計調査名，調査機関の索引有り
  ・「集計・公表」で統計調査書の名称・・・・年刊，月刊（雑誌），市販無等
  ・国，地方公共団体の調査
 4)「白書統計索引」 R350.3 ハ '05 日外アソシエーツ
  ・キーワード索引
  ・90種の資料から図・表・統計14,268点を収録／資料名，表名，掲載頁，図No
 5)「地方統計ガイド」 R350.3 チ '98 全国統計協会連合会
  ・調査の概要を知る／主題別配列／統計調査書の名称，閲覧場所明記
  ・都道府県と指定都市実施の調査
 6)「民間統計ガイド」 R350.3 ミ '01 全国統計協会連合会
  ・調査の概要を知る／業種分野別配列／統計調査書の名称，価格等／キーワード索引有
 7)「政府刊行物等総合目録」 R027.2 セ 年刊 全国官報販売協同組合
  ・市販されている国の機関等からの統計書を収録（載っていない場合の対応）

4 主要統計書（分野別）
 1) 物価，家計，賃金
  ○「小売物価統計調査年報」 R337.8 コ 年刊／所蔵：'70,73～
    509品目，767銘柄／主要都市の月別価格・料金
  ○「小売物価統計調査10年報」 R337.8 コ ／収録： '91-'00
    ※ 20年報もあり（SR337.8 コ ／収録：'61-80)
  ○「物価統計表集成」 R337.8 ブ ／収録： M33-S14
  ○「家計調査年報」 R365.4 カ 年刊／所蔵：'60 ～
    収支，世帯人員，品目別支出金額／１６８市町村８０００世帯
    ※ '02より家計収支編（単身・総世帯）（二人以上の世帯），貯蓄負債編（R331.8 カ）の３分冊。
     大きさ・分類違うので注意。
  ○「家計調査総合報告書」 R365.4 ソ ／収録： '47-'86
  ○「賃金センサス」 R366.4 チ 年刊／所蔵：'85,89,91 ～

　　　　『賃金構造基本統計調査』　職種，性，年齢，学歴，勤続・経験年数別賃金実態
　　　○「賃金統計表集成」　R366.4 チ　/収録： M33-S14
2) 人　口
　　　○「国勢調査」　R358.1 コ　5年毎刊
　　　　　所蔵：'50,60〜　／最新は'00(平成12)　／'44-46は「人口調査」J52
　　　　　世帯，住居，労働力・就業者，従業・通勤・通学／西暦末尾0：大規模調査，5：簡易調査
　　　○「人口動態統計」　R358.1 ジ　年刊／所蔵：'72 〜
　　　　　出生，死亡，婚姻・離婚，死産
　　　○「日本の将来推計人口」　R334.2 ニ　'02　厚生統計協会
　　　　　他に「市町村別」，「都道府県別」，「世帯数の将来推計」等有り。
　　　○「国政調査以前（後）日本人口統計集成」　R358.1 コ　／収録： M5-
　　　　　別巻1に江戸時代（享保6〜）の全国国別人口表有り／S9以降は未購入
　　　○「国勢調査集大成　人口統計総覧」　R358.1 ジ　収録：(M5)T9-'80（'84）
3) 産　業
　　　○「工業統計表」　R505.9 コ　年刊／所蔵：（'54-'56,'71,'73）'76〜
　　　　　西暦末尾0,3,5,8：全数調査，以外：従業者4人以上／製造業70万事業所の全貌／産業編，企業統
　　　　　計編，市区町村編，品目編，用地用水編等
　　　○「戦後の工業統計表」　SR505.9 Ts91　／収録：'48-'75の産業編編集
　　　○「商業統計表」　R670.5 シ　5年毎（中間年にも刊行）／所蔵：（'72,'74）'76 〜
　　　　　全国 700万の卸・小売業の全貌／産業編，市区町村編，品目編等
　　　○「戦後の商業統計表」　SR670.5 Ts91　／収録：'54-'79
　　　○「農林水産省統計表」　R605.9 ノ　年刊　所蔵：28回(S26)-30(S28),50(S48) 〜
　　　　　農業，畜産業，林業，水産業，流通等に関する統計を総合的に編集・収録。
　　　○「日本農業基礎統計」　R610.5 N77　／収録：M-'75
　　　○「都道府県農業基礎統計」　R610.5 N96　／収録：M16-'80
4) 都市・地域別
　　　○「市町村情報総覧」　R351 シ　'02　ジャパン・サービス
　　　　　全国 3,246市区町村各1頁／150項目／「花，木」記載有り
　　　○「統計で見る市区町村のすがた」　R361.9 ト　年刊／所蔵：'00 〜
　　　　　約 100項目（人口・世帯，経済，行政，文化・教育等）
　　　○「日本都市年鑑」　R318.7 ニ　年刊／所蔵：'31,・・・,65,67 〜
　　　　　市のみ39表（詳細）／「市章，姉妹都市」一覧も有り
　　　○「大都市比較統計年表」　R351 ダ　年刊／所蔵：'70 〜
　　　　　指定都市と東京都の167表
　　　○「民力」　R351 ミ　年刊／所蔵：'64〜
　　　　　市町村別・都道府県別／土地,人口,世帯,産業等
　　　○「地域経済総覧」　R330.5 チ　年刊／所蔵：'71〜

都市別のデータ，ランキング(町村別も有り)
5）その他
　○「厚生統計要覧」　R369.1 コ　年刊／所蔵：'73,78 ～
　　幅広い分野／健康・医療，社会福祉，年金等
　○「学校基本調査報告書」　R370.5 ガ　年刊／所蔵：'51-'52,'68 ～
　　初等中等，高等教育，専修・各種学校／在学者，教員，進学・就職，施設・経費
　○「日本気象総覧」　R451.9 ト　収録：M-'82
　　各地方気象台の月別気温，日照時間，降水量等／アメダス(ロボット観測)／解説，年表，文献等。
　　※＜気象庁電子閲覧室＞で'61(データにより違い有)以降の各種気象データ閲覧可能。

5　主要統計書（北海道内　※主要な数値は各ホーム・ページで閲覧可能）
1）「北海道統計書」　KR351.1 ホ　年刊／所蔵：M23(5回)～
　　ＭＦでM19(1回)～S47(81回)，(M9,15-18の各種統計書も有り)
2）「北海道統計」　雑誌　月刊／所蔵：'33～　（'05.4-11は欠）　北海道統計課
3）「北海道市町村勢要覧」　KR351.1 ホ　隔年刊／所蔵：'50～
　　各市町村見開き2頁／主要指標のみ
4）「札幌市統計書」　KR351.1 サ　年刊／所蔵：'57,61,66,71～
　　(「札幌市・区統計一班」M42-S12)
5）「統計さっぽろ」　雑誌　月刊／所蔵：'82～　札幌市統計課
　　※'03.4からは「Ｗｅｂ版」

6　主要数値，経営指標
1）「生命表」　R339.4 セ　5年毎（毎年の「簡易」も有り）年齢毎平均余命
2）「地価公示」　R334.6 チ　年刊 '75(6回)～　／同法は'69施行(5回以前は「官報」参照)
　　4月刊（3月下旬「官報」で公示／道内は道新）
3）「小企業の経営指標」　R335.3 シ　隔年刊
　　〈製造業，建設業〉と〈卸売業，小売業，飲食店，サービス業，運輸業〉交互
4）「中小企業の経営指標」　R336 チ　年刊
　　'05より「中小企業の財務指標」改題（R336.8 チ）

7　ＷｅＢ上の情報源
1）＜統計データポータルサイト＞　（総務省統計局のホーム・ページ）
　○　総務省統計局調査統計の主要データ
　○　政府関係府省・各機関作成統計の府省別検索，フリー・ワード検索
　○　リンク集
　　◎　地方公共団体（都道府県の統計担当部局へ）
　　◎　その他の統計関係機関　→　＜インターネット提供の民間統計集＞では分野別に団体名，公開

統計・調査名称，ＵＲＬ（リンク）

2）＜日本銀行のホーム・ページ＞
- ○ 公定歩合，マネーサプライ（通貨供給量），外国為替，物価指数，国際収支等

3）＜Ｄｎａｖｉ＞ （国立国会図書館のデータベース・ナビゲーション・サービス）
- ○ 統計情報検索（一橋大学経済研究所）：３５０統計

4）＜経済指標のかんどころ＞ （富山県統計課作成）

同名図書 (331.1 ケ / 改定22版 '02)をほぼ再現し，経済社会の動きを77項目で解説。
数値よりも解説重視ではあるが掲載グラフのデータをダウン・ロード可。

5）＜ビジネスデータ検索事典＞ （マーケティング・データ・バンク）

同名図書 (R351 ビ)に記載されている分野別情報源（調査書名，統計書名）の一部を紹介。

8　統計書の解説

1）「統計・調査資料ガイド」 R350.3 ト 　'99　文真社

主要統計書の平易な解説。主題からの検索表有り。書名，発行所索引有り。

2）「官庁統計徹底活用ガイド」 R350.3 カ　'05　生活情報センター

ビジネスに有用な主要統計書の概要，Ｑ＆Ａ（何が判るか／対応統計表見本）

9　統計の基礎知識

1) 表の形式

ア　表題

表題：統計分類と統計項目

－例－　年齢別，専門分野別，兼務教員数
　　　　　　　　統計分類　統計項目

イ　表頭，表側

2) 表の要素

ア　統計分類：「どのような区分」で測量

イ　統計項目：「何について」の統計か

ウ　統計時期：「いつ」（静態；或る時点，動態；一定期間）

エ　統計数値：「数字」

10　その他

1) 統計書を調査する場合は，「凡例，調査の概要」に必ずざっと目を通すこと。又，キーワードで 調査しても見つからない場合は「類義語」を検討すること。

2)「日本標準産業分類」 平成14年改定　R366.2 ニ

各種統計調査を産業別に表示する際の統計基準（ＮＤＣの統計版）。生産している物，提供サービスの種類区分。大－中－小－細分類。

大：Ｌ　　　　；サービス業

中：９１　　　；教育

小：９１８　；社会教育

細：９１８２；図書館

Ｎ　Ｄ　Ｃ	日本（351：9版）		
キーワード	統計		
調べ方作成日	2006/06/14	完成／未完成	完成
登　録　番　号	2000000143	登　録　日　時	2004年03月18日　02時12分
最終更新日時	2007年03月07日　18時34分	管　理　番　号	札調０３
公開レベル	一般公開		

データ提供館情報

[基本情報]

館種：　公共（政令都市立）

職員数（専任計, 非常勤・臨時）：（47, 28）[2007年2月28日現在]

事業への参加時期：　2003年12月から

公開データ数：（レファレンス事例0, 調べ方マニュアル10, 特別コレクション0）

[調べ方マニュアル作成について]

作成開始時期：　始まりは1980年頃，大改訂は1997年から順次。

目的：　1、2年目の職員を対象とした係内研修の資料として

対象：　スタッフ向け

作成のタイミング：　不定期

担当：　基本は１名。内容によって担当職員が加わる（郷土資料・逐次刊行物など）

[このデータについてひとこと]

　一定の水準でレファレンスサービスを行う必要性から、同種のレファレンス調査経験を基に、基本資料、有用ＨＰを盛り込み汎用化した。

　実践的に活用する為、資料現物・ＨＰ等を実際に活用しながら研修を行っている（原則、毎年改訂）。

◆参考情報

【統計の調べ方を包括的に解説した調べ方マニュアルデータ】

「知っていると便利　統計情報について」（東京都立中央図書館　2000001262）

　http://crd.ndl.go.jp/GENERAL/servlet/detail.manual?id=2000001262

「図書館調査ガイド　統計情報を調べるには」（基礎統計編）（大阪府立中之島図書館　2000000342）

http://crd.ndl.go.jp/GENERAL/servlet/detail.manual?id=2000000342
「調べ方の近道案内　9　統計資料の探し方」（福岡県立図書館　2000000157）
http://crd.ndl.go.jp/GENERAL/servlet/detail.manual?id=2000000157)

1.2 地域情報を調べる

(4) 大阪府立中之島図書館　テーマ：大阪の地名を調べるには
（http://crd.ndl.go.jp/GENERAL/servlet/detail.manual?id=2000000955）

地名の調べ方マニュアルの事例です。地名については、レファレンス事例データベースの中にも数多くあります。よく聞かれるテーマのひとつです。この事例は、「大阪の地名を探るための資料を、「放出」「雑喉場」について調べるという例を用いて紹介いたします。」と具体例を示して、わかりやすく書かれています。（アンケートにも、「単なる参考文献の羅列にならないよう、具体的な調査例を加えた」との回答がよせられています。）見出しも「地名の読みを知りたい」、「現在のどの辺りに当たるのか知りたい」、「大坂三郷の町名について知りたい」、「史跡や名勝を知りたい」、「地図で場所を確認したい」と、利用者が普通に使う質問のかたちを採用していて、親しみが持てるように工夫しています。

調　べ　方

・難波宮以来の歴史を有する大阪。「放出」「高津」など、往古の雰囲気を伝える地名から近世の賑わいを伝える「阿波座」「土佐堀」、今は失われた「雑喉場」まで、由緒のある地名も少なくありません。
・そこで、大阪の地名を探るための資料を、「放出」「雑喉場」について調べるという例を用いて紹介いたします。

1）地名の読み方を知りたい。
2）現在のどの辺りに当たるのか知りたい。
3）大坂三郷の町名について知りたい。
4）史跡や名勝を知りたい。
5）地図で場所を確認したい。

1）地名の読み方を知りたい。

地名の読み方については、各辞典中に難読地名を集めて挙げたものや、総画数から引ける索引などが備えられている場合がありますが、その他にも、読み方だけに的を絞った辞典もあります。

『難読地名辞典』で8画の「放」を見ると、210頁に「放出」の読み方が「はなてん」であることが分かります。

■『難読地名辞典』　山口恵一郎,楠原祐介編　東京堂出版　1978年
中・央　374-133# ／ 291-79 ／ 291.03-47N
全国の難読地名を集めて見出語の画数順に並べたもの。対象となる地名は、郡・区・支庁・市・町・村のものを主としています。

■『全国地名読みがな辞典』　清光社　1991年　中（第4版）・央（第6版）　291.03-13N
都道府県ごとに、町・丁・字名をとり、行政地域別に一覧にしたもの。地名の読み方は分からないが、所在地域は特定できるという時などに利用できます。

２）現在のどの辺りに当たるのか知りたい。

『角川日本地名大辞典』27大阪府で「雑喉場」を調べると、538頁に「ざこばちょう　雑喉場町＜西区＞」として項目が立てられています。それによれば、雑喉場町は江戸期から明治5年までの町名で、明治5年に「江戸堀下通１～５丁目・京町堀上通１～５丁目・京町堀通１～５丁目」となったとあります。

■『角川日本地名大辞典』27大阪府　「角川日本地名大辞典」編纂委員会編集
角川書店　1983年　中・央　374-135# ／ 291-81 ／ 291.03-2N
日本全国の地名辞典で、第27巻が大阪府にあたっています。4部構成で、「総説」には大阪府内の風土や歴史の概要が記され、「地名編」は歴史的行政地名（国・郡・藩・府など）、自然地名（山・川・峠など）、人文地名（街道・鉄道・橋など）が50音順に並べられています。「地誌編」は府内の市区町村の編纂当時の状況と行政地名に関する記述があり、「資料編」は「国郡沿革表」「藩府県沿革表」「市町村沿革表」等を含んでいます。

■『市町村名変遷辞典（3訂版）』地名情報資料室編　東京堂出版　1999年　中・央　291.03-3N
明治22年の市制町村制施行以来の市町村名を対象として、その合併・編入・境界変更等の変遷の履歴を、変更年月を含めて逐一記したものです。項目は50音順に配列されており、巻末には各都道府県別に画数索引が備わっています。

■『日本歴史地名大系28　大阪府の地名』Ⅰ・Ⅱ
平凡社地方資料センター編集　平凡社　1986年 中・央　374-147# ／ 291-95 ／ 291.03-1N
日本歴史地名大系全50巻のうち、第28巻の2冊が大阪府にあたっています。歴史的行政地名、自然地名、人文地名が地域ごとに配列されています。Ⅰは摂津国、Ⅱ河内国・和泉国で、大見出し項目は「現在の郡・

市・区名」、中見出し項目は「現在の町・村名、大・中都市の地域区分名、中世・近世の都市名」とし、それぞれの見出しの中に多くの地名を収めています。
巻末には地誌の「文献解題」等がつけられていて、大阪の地誌を調査する時の参考になります。

■『大日本地名辞書（増補版）』第2巻上方　吉田東伍著　冨山房　1981年　　中　374-17#
1900（明治33）年の初版以来、版を重ねてきました。第7版増補版は第1巻「汎論」は地名に関する総論で「地名転化論」「地名起因論」などが記述されています。第2巻以降は国郡別で各地名について触れています。「上方」は第2巻で、山城国・大和国・河内国・和泉国・摂津国・近江国・伊賀国・伊勢国・志摩国・紀伊国・淡路国に分けられ、「海陸の形状、古今の変遷、事物の興廃等、凡、事の其地に起り、其地に係り、而も重要、世に伝へ後に垂るべき者、悉皆之を各条（地名）下に類聚羅織」（序言より）されています。

３）大坂三郷の町名について知りたい。

『大阪の町名　—大坂三郷から東西南北四区へ—』の巻末索引で「雑喉場」で掲載箇所を確認していくと、251頁に、京町堀5丁目、かつての雑喉場町に、「近世大坂の三大市場の一つといわれた雑喉場魚市場があった。」として、現在では「雑喉場魚市場跡」顕彰碑が建てられていることなど、雑喉場の来歴が説明されています。

■『大阪の町名　—大坂三郷から東西南北四区へ—』
大阪町名研究会編　清文堂出版　1977年　　中・央　374-119# ／ 291.63-806N
大阪市内旧三郷（中央区・北区・西区）の町名について書かれた資料です。第1部は総説で古代から昭和に至る町名変遷の概説と大阪の地名に関する特徴が記述されています。
第2部の「町名のうつりかわり」では「東区」「西区」「南区」「北区」の各区の町名ごとに由来と変遷が述べられています。出典資料も多く、記載されたこれらの資料から調査を深めていくことも可能です。参考文献一覧も揃っています。

■『大坂町鑑集成』有坂隆道・藤本篤著　清文堂出版　1976年　中・央　378-691# ／ 291.63-607N
『大坂町鑑』というのは、江戸時代の大坂三郷（現在の中央区・北区・西区の辺り）の町名や橋の名前などをイロハ順に配列して、その位置を記述したものです。江戸時代の大坂で出版された3種の町鑑（宝暦6年、天保13年、明治3年）を翻刻と合わせて1冊の本にしたのが、この資料です。今は失われた町名の位置を確認するには適した資料といえます。ちなみに、これら3種の原本【宝暦版378-160# ／ 天保版378-156# ／ 明治版378- 480#】も当館は所蔵しています。

４）史跡や名勝を知りたい。

『大阪史蹟辞典』で「雑喉場」を調べると214頁に「雑喉場魚市場の跡」として項目が立てられており、

顕彰碑の文面から地名の由来、また、北条団水『日本新永代蔵』の中に「雑喉場」が登場していることなどが分かります。他に「雑喉場橋ガス燈」「雑喉場橋柱」の項目も立てられています。

■『大阪史蹟辞典』三善貞司著　清文堂出版　1986年　　中・央　372-341# ／ 291.6-111
大阪市内を対象に、神社・寺院の縁起、歴史・社会的事件、文学・芸能等の遺跡旧蹟、名墓古墓、歌碑・句碑、地蔵・石仏に関する記述が収められています。
改名・地名・町名の由来や橋、建造物などに関するものも含めた辞典で、各項目の50音順に並べられています。

『大阪史蹟辞典』で分かったように、かつてあったとされる「雑喉場橋」を調べるためには、大阪の橋に関する資料も役に立ちます。『大阪の橋』の巻末索引をもとに「雑喉場橋」の掲載箇所を確認していくと、138頁に「雑喉場橋」として紹介されており、昭和39年に百間堀川が埋め立てられるまで存在していたことが分かります。

■『大阪の橋』松村博著　松籟社　1987年　　　中・央　515-6N ／ 515-17
　大阪市の土木局橋梁課にいた著者によるもので、「淀川の橋」「大川の橋」「浪華三大橋」「中之島の橋」「木津川の橋・尻無川の橋」「大川支流の橋」「東横堀川の橋」「西横堀川の橋」「長堀川の橋」「道頓堀川の橋」「各堀川の橋」「神崎川筋の橋」「寝屋川筋の橋」「平野川筋の橋」「大和川筋の橋」「その他の橋」に分けられ、架けられている川ともども、それぞれの橋について、歴史や造りについて記しています。「大阪の川にかかる橋」一覧もあります。

●大阪の橋　Web
http://www.library.pref.osaka.jp/nakato/osaka/bridge.html
大阪の橋に関して調べたいときに役立つ、基本的な資料を紹介しています。

５）地図で場所を確認したい。

旧「雑喉場」を含む現在の地域の1つである「京町堀」について、国土地理院の「地図閲覧サービス　ウォッちず」の検索を利用すると、現在の京町堀付近の地形図が表示されます。
また、古い地図の中には、かつての地名が記されていることもありますので、年代と地域が特定できる時は、地図によって地名を確認できる場合もあります。

■『新日本地名索引』金井弘夫編　アボック社出版局　1993年　　中・央　291.03-22N
2万5千分の1地形図の地名を検索し、どの地形図に収載されているかを確認できます。ただし、中之島図書館では大阪府域の地形図のみ所蔵しています。

●地図閲覧サービス　ウォッちず　（国土地理院）　　Web

http://watchizu.gsi.go.jp/
平成13年頃の測量成果による全国2万5千分の1地図が閲覧できます。地図の検索のページから「地名および公共施設名による検索」を選択すると、地名から必要な箇所を検索・表示することができます。（試験公開）

なお、地形図や住宅地図など、中之島図書館が所蔵するものを中心とした地図については、調査ガイド18「地図のしらべかた（基本編）」も参考にしてください。

●調査ガイド18「地図のしらべかた（基本編）」　Web
http://www.library.pref.osaka.jp/nakato/guide/chizu.html

この他、地名に関する資料として体系的に記されたものに『大阪府全志』があります。その巻之二に「大阪市」が含まれていますので、目次を見ていくと、第三項が西区となっており、雑喉場が項目として立てられていることが分かります。また、別巻の索引で「雑喉場」を調べると、事項索引に「雑魚場」「雑　喉場」などとして、掲載箇所が示されています。そこから、例えば巻之二の780頁に進んで、雑喉場の由来などの説明へとたどりつくこともできます。

■『大阪府全志』井上正雄著　大阪府全志発行所　1922年　中・央　328-17#　/　216-I1　/　291.63-243N
大阪府地方課にいた著者による労作です。明治43年から資料の収集に着手し、大正2年には職を辞して完成にいたりました。第1編は大阪府の分合の変遷、第2編は江戸時代以来の制度の変遷、第3編で府内各地域の分合と山川沼沢名所旧蹟の由来について記述しています。
全5巻で構成されていて、第1巻は第1編と第2編、第2巻から第5巻までが第3編となっています。第3編は地名以外にお寺や施設に関する記述があり、国郡市町村別に並べられています。

また、井原西鶴に因む地名を集めた『西鶴地名辞典』や、近世地誌資料の『摂津名所図会』・『河内名所図会』の類、地域の限定された地誌類（例えば　『今宮町志』【378-71#　/　291.63-562N】や『淡輪村誌』【328-473#】）などにも、由来が記載されていることがあります。
■『西鶴地名辞典』田中宏明　国書刊行会　1986年　　　中　255.3-199#

Ｎ　Ｄ　Ｃ	日本（291：9版）		
キーワード	大阪, 地名, 地名の由来		
調べ方作成日	2006年10月11日	完成／未完成	完成
登　録　番　号	2000000955	登　録　日　時	2006年06月05日　09時49分
最終更新日時	2006年10月21日13時23分	管　理　番　号	中図調－0022
公開レベル	一般公開		

データ提供館情報

[基本情報]

館種： 公共（都道府県立）

職員数（専任計，非常勤・臨時）： (21（他に事務専任職員8），20)［2007年3月5日現在］

事業への参加時期： 2003年12月から

公開データ数：（レファレンス事例0，調べ方マニュアル23，特別コレクション7）

[調べ方マニュアル作成について]

作成開始時期： 2004年度からビジネス支援サービス開始にともなって。

目的： 利用者のセルフレファレンス用

対象： ビジネスユーザ向け、一般利用者向け、スタッフ向け

作成のタイミング： 当初は1ヶ月に1回委員会を開催し、1ヶ月に1〜2テーマずつ作成。現在はタイトル数が増えてきたので、メンテナンス作業も加わり、3〜4ヶ月に1テーマ程度作成。

担当： 各室（ビジネス支援課、大阪古典籍課）より1〜2名委員を選出し、今年度担当者は3名。他のスタッフに手伝ってもらうこともある。

[このデータについてひとこと]

利用者から問い合わせが多い事例。もととなったコンテンツを以前からＨＰに掲載していた。
単なる参考文献の羅列にならないよう、具体的な調査例を加えた。

[関連するコンテンツ]

よりぬきレファレンス

　　（大阪府立中之島図書館ホームページ＞おおさかページ）

　　http://www.library.pref.osaka.jp/nakato/osakatop.html

　　　　＞大阪の地名を調べるには

　　　　　　http://www.library.pref.osaka.jp/nakato/guide/chimei.html

⑸ 山梨県立図書館　テーマ：山梨県の方言（甲州弁）を調べる
　　（http://crd.ndl.go.jp/GENERAL/servlet/detail.manual?id=2000001613）

> 　方言も地域に関する質問の中で多いもののひとつです。これは、地域の図書館でないと回答できないもののひとつでもあります。
> 　アンケートによれば、このデータを作成するにあたって、「地域の言葉の調査では『方言』から調べる場合と、『標準語』から調べる場合とがあります。地域の資料は比較的方言語彙集が多いので、一般資料や電子メディアなどを含めることによって両方からアクセスできるようにしました。」という回答が寄せられています。他の図書館の参考にしていただけるでしょう。

調べ方

【県内全域の方言】

1　『増補改訂　甲州方言』（深沢泉著　甲陽書房　1979）
　　◆五十音順の語彙集。巻末の索引で解説中に記された方言も検索できます。

2　『甲斐方言稿本』（羽田一成著　大和屋書店　1925）
　　◆著者自身の語彙に、『山梨鑑』『甲斐方言考』などを参考にして完成した、五十音順の語彙集です。
　　◆『山梨県方言辞典』(国書刊行会　1976)は復刻版にあたります。

3　『やまなしの方言と俚諺』（小西与志夫著　泰流社　1976）
　　◆五十音順の語彙集。東海地方・南信地方・三多摩地方との類似語も表記しています。

4　『甲州弁を読む』（渡辺雄喜著　東京図書出版会　2005）
　　◆甲州弁の特徴的な語彙274語を解説しています。使用例、類義語、同義語など。

5　『日本方言大辞典』全3巻(尚学図書編　小学館　1989)
　　◆全国の方言を五十音順に検索できます。
　　◆文献調査を基に、意味・使用地域・使用例・出典文献・文献例などを掲載しています。

【各地方の方言（国中）】

1　『逸見筋の方言』（山本千杉編　小宮山プリント社　1985）
　　◆逸見筋（峡北地方、八ヶ岳南麓の台地）の方言。単語集として出した『逸見筋　方言・訛語、俗語集』の続編で、方言の用法例と分野別にわけた語彙集です。地名のなまりも載せています。

2　『逸見筋の歳時記・方言（北巨摩地方）』（山本千杉編　小宮山プリント社1997）
　　◆前2作の単語の修正補稿を行い、新たに５０語余りを加えた改訂版です。

3　『甲州の方言私抄　須玉町江草近傍の俚言』（石原望著　文芸社　2002）
　　◆須玉町(現・北杜市須玉町)江草の方言の、五十音順の語彙集です。

4　『勝沼町の方言』（勝沼町　1962）
　　◆勝沼町(現・甲州市)の方言。『勝沼町誌』からの抜刷で、音韻・語法などの説明と分野別語彙集があ

ります。

5 『高田の方言』(市川大門町高田地区公民館　1996)

　　◆市川大門町(現・市川三郷町)高田の方言の五十音順と分野別の語彙集です。

6 『西郡方言あれこれ』(櫛形町教育委員会　1983)

　　◆西郡の方言の五十音順の語彙集です。量は少なめです。

7 『奈良田の方言』(稲垣正幸ほか編　山梨民俗の会　1957)

　　◆奈良田（早川町）の方言。音韻やアクセントが他と違っている奈良田方言に関する研究と、分野別の語彙集です。

　　◆巻末に五十音順の索引があります。

8 『新明解古郷語辞典』(笠井元洋編　西嶋民俗史研究会　2004)

　　◆身延町西嶋の方言を、動作・食材・挨拶・道具など分野別にまとめた語彙集です。

　　◆巻末に五十音順の索引があります。

9 『ふるさと南部町の方言・まじない・迷信・しきたり・呪文』(南部町老壮大学ふるさとクラブ著　南部町教育委員会　1978)

　　◆南部町(旧)の方言の五十音順語彙集です。『南部町誌』(1964)掲載の方言との対比もされています。

10 『甲州弁あれこれ　甲州弁語録』(宮原文雄　1977)

　　◆品詞別単語表と、五十音順の語彙集です。珠算（割算）九句あります。著者は塩山市(現・甲州市)生まれです。

【各地方の方言（郡内）】

1 『大月周辺の方言小辞典』(小林秀敏　2000)

　　◆大月周辺の方言。五十音順の語彙集と、分野別単語表、標準語との比較、接頭語、わらべうたなどがあります。

2 『奈良子谷ことば拾遺』(棚本安男　1986)

　　◆大月市七保町奈良子の方言。五十音順の語彙集で、ことわざ、俗信も詳しいです。

3 『瀬戸・駒宮の方言』(瀬戸高齢者学級　[1990])

　　◆瀬戸・駒宮(大月市七保町)の方言。高齢者学級での方言研究の成果です。

　　◆五十音順の語彙集と、方言をまじえた作文集がついています。

4 『山梨県北都留郡上野原町方言集』(上條甚之甫著　稲垣正幸　2000)

　　◆上野原町(現・上野原市)の方言の、五十音順の語彙集です。

5 『ふるさと西原の方言』(上野原市立西原中学校　2005)

　　◆上野原市西原の方言の五十音順の語彙集です。

6 『秋山村の方言』(秋山村教育協議会　1975)

　　◆秋山村(現・上野原市)の方言の五十音順の語彙集です。

7 『大正時代に使われていた道志村の方言俗語集』(山口大八著　[2001])

　　◆道志村西部地区（上）の方言の五十音順の語彙集です。

　　◆巻末に「あくたい言葉集」があります。

8 『富士吉田地方の方言と俗語』（上小澤富男　1983）
　　◆富士吉田地方の方言の五十音順の語彙集です。
9 『いってんべー　吉田っことば』（小俣善熙　2001）
　　◆主に富士吉田市を中心とした方言で、五十音順の語彙集です。
10 『山中湖地方の方言と俗語』（改訂再版）（堀内太一　2000）
　　◆山中湖地方の方言の五十音順の語彙集です。
11 『鳴沢村のことば』改訂版（鳴沢村教育委員会　1986）
　　◆鳴沢村鳴沢と大和田の2地方の方言。五十音順の語彙集です。
　　◆巻末に鳴沢村の小字の読み方と通称を掲載していて、植物方言もあります。
12 『河口湖畔の方言』（伊藤堅吉編著　河口湖町文化財審議会　1981）
　　◆河口湖畔（船津・河口・大石・長浜・勝山・小立）の方言の品詞別語彙集です。
13 『足和田の方言』（足和田村教育委員会　1996）
　　◆足和田村(現・富士河口湖町)の、長浜・西湖・根場・大嵐の4地区の方言です。
　　◆五十音順の語彙集と、説話「早鳥」を方言で読み替えたものを掲載しています。

【方言に関する項目のある市町村誌(史)】

　<国中地方>
　　芦川村、芦安村、石和町、市川大門町、一宮町、大泉村、鰍沢町、春日居町、
　　勝沼町、上九一色村、櫛形町、甲西町、甲府市、小淵沢町、境川村、下部町、
　　昭和町、白根町、高根町、田富町、玉穂町、富沢町、豊富村、長坂町、中道町、
　　南部町、韮崎市、白州町、早川町、双葉町、牧丘町、増穂町、御坂町、三珠町、
　　三富村、身延町、武川村、八代町、大和村、竜王町、六郷町、若草町
　<郡内地方>
　　秋山村、上野原町、忍野村、勝山村、小菅村、鳴沢村

【標準語で検索】

1 『現代日本語方言辞典』　全9巻(平山輝雄ほか編　明治書院　1992-1994)
　　◆約2300の共通項目について、実際に使用されている方言語彙を調査し編集しています。
　　　標準語五十音順に排列、音韻・アクセント・文法・その他特色など。
　　◆索引編から、方言五十音順、地点別方言五十音順、逆引き方言形検索が可能です。
2 『日本方言辞典－標準語引き』(小学館辞典編集部編　小学館　2004)
　　◆『日本方言大辞典』を基に編集、約3600語の標準語から方言が検索できます。
3 『全国方言集覧』　第3期甲信越編上・下(太平洋資源開発研究所　2001)
　　◆動植物の方言名を標準語和名から検索できます。
　　◆県別に掲載され、山梨県は上巻にあります。下巻巻末に標準和名の別名・異名・俗名検索があります。

【言語地図】

1 『山梨県言語地図集』(永瀬治郎編　専修大学出版局　1988)
　　◆県下617集落を調査、100以上の単語について、方言の地域差を地図で見ることができます。

【方言研究】

1 『日本列島方言叢書』9 中部方言考②山梨県・静岡県(井上史雄ほか編　ゆまに書房　1996)
　　◆忍野村方言の研究、国中・郡内方言の境界線について、共通語と山梨県下のアクセントの相違、奈良田方言アクセントの研究など。
2 『綜合郷土研究』(山梨県師範学校　1936)
　　◆p828からp840に、「方言」の章があります。地域的特色、交通との関係など。
3 『山梨方言論文集』第1集(山梨方言研究会　1959)
　　◆研究団体による論文集です。
4 『山梨ことばの会会報』(山梨ことばの会　1988-)
　　◆研究団体による論文集です。

【CD-ROM】

1 『デジタル版山梨方言集』(八ヶ岳高原ことばの学校・山梨ことばの会・地域資料デジタル化研究会)
　　◆方言・意味の検索ができ、単語の前方一致・後方一致検索も可能です。

【インターネット】

1 『のぼる爺ちゃんの甲州弁辞書』(http://www.ad.il24.net/~tee/jii/)
　　◆五十音順の甲州弁の辞書や会話例など収録しています。
2 『うっち～の甲州弁研究所』(http://kosyu-dialect.hp.infoseek.co.jp/index.html)
　　◆方言引き・標準語引き辞書や全国方言との比較などがあります。

〈番付表〉

　「甲州方言(なまり)番付表」
　　　(山梨県webサイト　http://www.pref.yamanashi.jp/syokai/hogen/)
　「鳴沢方言(なまり)番付表」
　　　(前出『鳴沢村のことば　改訂版』表紙・
　　　鳴沢村ホームページhttp://www.vill.narusawa.yamanashi.jp/kankou/shisetsu/hougen.html)

Ｎ　Ｄ　Ｃ	言語　（8：）		
キーワード	方言，甲州弁，山梨県		
調べ方作成日	2006年12月05日	完成／未完成	完成
登　録　番　号	2000001613	登　録　日　時	2006年12月06日　11時16分
最終更新日時	2006年12月06日　12時48分	管　理　番　号	YPL-0001
公開レベル	一般公開		

データ提供館情報

[基本情報]

館種：　公共（都道府県立）

職員数（専任計，非常勤・臨時）：（23，13）

事業への参加時期：　2003年12月から

公開データ数：（レファレンス事例861，調べ方マニュアル1，特別コレクション0）

[調べ方マニュアル作成について]

作成開始時期：　2002年度から「文献＆ツール紹介」として館内職員の研修用に作成していた。2003年度からはその成果をホームページに公開し、継続して調べ方マニュアルやパスファインダーの作成に取り組んでいる。

目的：　パスファインダーは学校支援の一環として作成。調べ方マニュアルは市町村立図書館職員に当館資料を参考にしてもらう目的で当初作成したが、一般利用者にも活用してもらえるよう心がけている。

対象：　調べ方マニュアルは一般成人利用者向け。パスファインダーは学校図書館向け。

作成のタイミング：　年に一度、テーマを相談し設定している。今年度は「図書館員の道具箱」と題して、『山梨県立図書館総合情報誌Catch』（隔月発行）や『教育やまなし』（山梨県教育委員会発行・季刊）にも調べ方マニュアルの概要版を掲載し、利用者への紹介を行っている。

担当：　調査サービス担当職員6名

[このデータについてひとこと]

　比較的多く寄せられるレファレンスのひとつであることから、テーマとして設定した。

　地域の言葉の調査では「方言」から調べる場合と、「標準語」から調べる場合とがあるため項目立てを工夫した。

　また、地域の資料は比較的方言語彙集が多いので、一般資料や電子メディアなどを含めることによって両方からアクセスできるようにした。

[関連するコンテンツ]

文献&ツール紹介

（山梨県立図書館ホームページ＞調査相談（レファレンス）デスク＞文献&ツール紹介）

http://www.lib.pref.yamanashi.jp/refjirei/bunken/bunken.html

　＞レファレンスの道具箱

　　http://www.lib.pref.yamanashi.jp/refjirei/bunken/PDF/ref-dougubako/ref-dougubako2003.pdf

山梨県立図書館総合情報誌 Catch

（山梨県立図書館ホームページ＞刊行物＞総合情報誌 Catch）

http://www.lib.pref.yamanashi.jp/tosyokan/catch/catch00.html

　＞山梨県の方言(甲州弁)を調べる

　（総合情報誌 Catch第46号＞レファレンスファイル＞図書館員の道具箱）

　　http://www.lib.pref.yamanashi.jp/tosyokan/catch/catch46/catch46-1.html

[補足]

山梨県立図書館ホームページに掲載している「レファレンスの道具箱」を、大幅に改訂、新規項目を追加して2006年度末に冊子体で刊行する予定である。

山梨県立図書館編．レファレンスの道具箱．甲府，山梨県立図書館，2007, 34p.

(6) 厚木市立中央図書館　テーマ：あつぎ鮎まつり大花火大会について、花火について
（http://crd.ndl.go.jp/GENERAL/servlet/detail.manual?id=2000001058）

> 毎年開催される祭について、地元ならではの資料とともに紹介している事例です。アンケートによれば、スタッフ間の情報共有のために調べ方マニュアルを作っているとのことです。事例では、まず、「あつぎ鮎まつり」について説明しています。これは、地元の人でも皆知っているわけでもありません。まして、インターネットの上で閲覧する人は知らない。こうした説明は少し長くてもいいくらいです。

調　べ　方

　厚木市（神奈川県）の行事である「あつぎ鮎まつり」の大花火大会について、および花火一般についての資料をご紹介します。

　あつぎ鮎まつりは、毎年8月の第一土曜日を中心にした3日間、市街地や相模川三川合流地点などを会場として開催されています。大花火大会をはじめ、前夜祭、あつぎDANBEパレード、一万人の鮎つかみどり大会などの多くの催物が繰り広げられます。

　あつぎ鮎まつりの歴史は、厚木の料理店が共催で、7月の川開きに相模川で花火大会を行ったことに遡ります。

　その後、8月のお盆の日に祖先の霊をなぐさめ、灯篭流しを行うとともに、鮎に感謝する気持ちを兼ねて花火大会が行われ、夏の夜空を彩る風物詩として多くの人に大変喜ばれました。

　戦争のため一時中断されましたが、昭和23年（1948年）に厚木町・厚木商工会議所と商店街が中心となり、以後毎年行われるようになりました。

　現在、あつぎ鮎まつりは「かながわのまつり50選」のひとつに数えられ、毎年多くの見物客で賑わっています。

- 『花火 fireworks 夏の風物誌』（厚木市教育委員会社会教育課博物館準備係編、厚木市教育委員会、1995）…鮎まつり（p3〜p6）、花火のしくみ（p40〜p41）、花火を作る三素材（p42〜p43）、花火の大小と打揚方法（p44〜p45）、世界の花火事情（p48〜p50）、厚木の花火職人（p52〜p57）
- 『厚木産業史話』（厚木市史編纂委員会編、厚木市役所、1976）p74〜76
- 『厚木の職人史』（鈴村茂著、県央史談会厚木支部、1980）p285〜289
- 『厚木の観光ポケットブック』（厚木市商工観光課編、厚木市商工観光課、1987）p16…鮎まつりと花火のはじまり

　以上の他、関連する新聞記事切抜きやチラシ・パンフレットなども所蔵しています。

＊花火一般についての本
- 『花火うかれ 全国花火大会と楽しみ方図鑑』（日本交通公社出版事業局、1994.7）p99
- 『花火の話』（清水武夫著、河出書房新社、1976）
- 『花火をあげる』（小勝郷右著、ポプラ社、1981.6）　その他

Ｎ　Ｄ　Ｃ	燃料. 爆発物（575：8版）		
キーワード	花火, あつぎ鮎まつり, 厚木市（神奈川県）, 鮎祭り, あゆまつり		
調べ方作成日	2006年08月18日	完成／未完成	完成
登録番号	2000001058	登録日時	2006年08月18日　15時34分
最終更新日時	2006年08月28日　18時56分	管理番号	厚木調-0001
公開レベル	一般公開		

データ提供館情報

[基本情報]

館種： 公共（市町村立）

職員数（専任計，非常勤・臨時）：（35, 35）

事業への参加時期： 2006年7月から

公開データ数：（レファレンス事例0, 調べ方マニュアル1, 特別コレクション0）

[調べ方マニュアル作成について]

作成開始時期： 2006年8月、レファレンス協同データベース事業に参加した際作成。その元となったのは、1997年に作成した郷土資料レファレンスについてのノート「郷土資料レファレンスノート」。その後、自館でレファレンスデータベースを作成し、入力した。

目的： スタッフ間の情報共有のため

対象： スタッフ向け

作成のタイミング： 随時

担当： レファレンス担当4名

[このデータについてひとこと]

　レファレンス協同データベースへのデータ登録の研修として「郷土資料レファレンスノート」の情報を元に作成した。

　作成にあたっては、レファレンス協同データベースのマニュアルやガイドライン、他館のデータ等を参考にした。

◆参考情報

【地元の祭についての調べ方を解説した調べ方マニュアルデータ】

「青森県の郷土の祭りを調べるには」（青森県立図書館　2000001611）
　http://crd.ndl.go.jp/GENERAL/servlet/detail.manual?id=2000001611

1.3 ビジネス情報を調べる

⑺　福岡県立図書館　テーマ：調べ方の近道案内　1　企業を調べるには（改訂）
　　（http://crd.ndl.go.jp/GENERAL/servlet/detail.manual?id=2000000139）

> 企業の調べ方の事例です。地元企業を調べるレファレンスブックの紹介からはじめています。地域の図書館の場合、地域の企業について聞かれる割合が高いので、地域の企業の情報の調べ方から案内するのは、自然な流れといえます。
> アンケートに寄せられた回答によれば、作成のきっかけは「利用者から聞かれる頻度が高いため」で「利用者が自力で検索することができるよう、専門的な用語は避け、表現などを分かりやすくするように工夫し」「また、作成者一人だけの観点に頼らず、調査相談係全員に作成資料を回覧し、各人が作成者に情報提供やアドバイスを行い、より良い内容になるよう工夫した」とのことです。

■調　べ　方

企業の情報を得るには次のような資料があります。

★会社年鑑・名鑑
○福岡県内の企業を掲載
『福岡の会社情報』ふくおか経済・（株）地域情報センター　年刊　（670/59R/33）
約4800社を収録しています。掲載は業種別社名50音順です。

○九州内の企業を掲載
『東商信用録　九州版』　東京商工リサーチ　年刊　（670/35R/36）
約28000社を収録しています。県別商号50音順で掲載しています。
未上場企業は原則として年間売上高一億円以上を掲載しており、項目末に格付けがあります。

『東経会社要覧　九州版』　東京経済　年刊　（670/59R/22）
地区別4分冊になっています。（北九州・筑豊・大分地区、福岡・筑後地区、熊本・佐賀・長崎地区、鹿児島・宮崎・沖縄地区）。別冊の総索引あり。
所在地、業種、財務データのほか代表者のプロフィールがあります。

『帝国データバンク会社年鑑　九州版』　帝国データバンク社　（670/59R/28）
企業編と会社役員・知名人編からなり、九州の他に山口県も掲載しています。
企業編は金融機関と金融機関以外に大別して、県別50音順に掲載しています。巻末のランキング特集は年刊の別冊『全国企業あれこれランキング』に新しいデータがあります。

○全国の企業を掲載

『帝国データバンク会社年鑑　東日本・西日本・索引編』　帝国データバンク社（670/59R/27）
有力優良企業１５万社の企業情報を収録しています。
金融機関、各県別の５０音順で索引編は５０音順と業種別索引があります。

『会社年鑑　上場会社版』　上下　日本経済新聞社　年刊　（670/59R/1）
上場している会社（外国会社も含む）3798社を収録しています。
- 業種別、上場コード順の配列（目次あり）。　業種別の会社コード配列順の会社名索引あり
- 巻頭に社名50音順の総索引あり。
- 業種別目次及び最近の業績10期分収録、下巻末に上場全社ランキングあり

『会社総鑑　未上場会社版』　上下　日本経済新聞社　年刊　（670/59R/7）
出資金3000万以上で売上高が1億円以上の会社約23700社を収録しています。日本産業分類により配列しています。巻頭に50音順の会社名索引ほか都道府県別索引があります。基本データ他売上構成、業績（5期分）、財務データを掲載しています。

『会社四季報』　東洋経済新聞社　上場年4回　未上場年2回　（670/59R/2）
- 上場編　　上場会社約3800社収録し、株価情報．企業の最新情報を掲載しています。
- 未上場編　有力成長企業約7500社を収録しています。
　　　　　　注目会社、有力成長企業、有力中堅ベンチャー企業、巻末企業に大きく分けて業種別に掲載しています。巻頭に近い分類ほど詳しい情報があります。

『日経ベンチャー企業年鑑』日本経済新聞社・日経産業消費研究所／編　日本経済新聞社（670/59R/30）
日本経済新聞社が新鋭注目企業として取り上げたことのある企業を中心に独自に2319社を選定。基準は資本金、業績などではなく独自の技術をもっていること、成長率が高いこと、会社設立または業種転換後間がないことなどです。
上場企業やジャスダック公開企業は除外されています。

『日経会社情報』日本経済新聞社　年4回　（670/59R/34）
上場国内会社約3800社、上場外国会社約30社、上場投信約50社、非上場生損保約50社を収録しています。掲載は株式コード順で、巻頭に社名索引があります。株価情報・企業の最新情報の他に、直近三ヶ月の日経新聞の記事数が載っています。

『日本の企業』　日刊工業新聞企業情報センター（670/35R/52）最新は2002年刊
優良企業約4万社を収録しています。ジャスダック・上場・その他に分け、業種別50音順に掲載しています。（索引あり）

◆『日経テレコン21』（データベース）

（http://telecom21.nikkei.co.jp/nt21/service/　当館で契約しています。）

　　本館２Ｆのデータベース『日経テレコン２１』では日経会社プロフィルを検索することができます。上場企業をはじめ、全国主要約3万社の事業内容、役員、大株主、労務状況、要約貸借対照表、要約損益計算書、監査意見、申告所得、売上構成、本社所在地などがわかります。　資本金規模、売上高規模、本社所在地、業種などでの検索も可能です。最新3決算期分の企業決算も同時に調べられます。
その企業に関する新聞記事もあわせて調べられます。
日経WHO'S WHOで役員・幹部について調べることができます。全国の上場および有力未上場企業約5,100社の役員・執行役員・部長・次課長約21万件を収録しています。
　（参考：日本経済新聞社HP　　http://www.nikkei.co.jp/）

★企業のランキング
『全国企業あれこれランキング』　　帝国データバンク　年刊　（670/35R/66）
帝国データバンクのデータベースから作成された全国・都道府県別・業種別などのランキング集です。売上高、法人所得申告、自己資本比率などがあります。上場予定企業や倒産企業についてのランキングもあります。

『日本の会社７６０００』東洋経済新報社「週刊東洋経済」臨時増刊号　（M/SR/284）
399業種別ランキング　総合順位ベスト2000　都道府県別上位法人一覧、5年連続増益会社ランキング他が掲載されています。

★企業の系列・組織を調べるには
『企業系列総覧』　東洋経済新報社　「週刊東洋経済」臨時増刊号　（M/SR/284）
全上場2432社の最新データを収録しています。
　融資系列（3年間）株主系列（大株主20位）役員　取引系列を掲載しています。

『日本の企業グループ』　東洋経済新報社「週刊東洋経済」臨時増刊号　（M/SR/284）
上場、店頭、未上場2835社の国内グループ（連結子会社、持分適用会社）30558社のデータを収録しています。巻頭に親会社索引、巻末に関係会社索引があります。

『ダイヤモンド組織図系統図便覧　全上場会社版』　ダイヤモンド社　（670/35R/71）
組織図と事業所一覧を掲載しています。証券コード順、50音順会社索引があります。

★外資系の企業を調べるには
『外資系企業総覧』　東洋経済新報社　「週刊東洋経済」臨時増刊　（M/SR/284）
主要企業編は資本金5000万以上でかつ外資の比率が４９％以上の企業約1600社を収録しています。配列は

業種別50音順です。

その他企業編は資本金に関係なく対外比率２０％以上の企業約２０００社を収録しています。

50音順、業種別、国籍、英文社名、親企業、本社所在地別の各索引があります。

★外国の企業を調べるには

『東洋会社年鑑』　東洋経済日報社　（670/59R/16）

韓国の全上場会社704社とコスダック（店頭市場）登録企業等4500社の情報を収録しています。

韓国著名人録や駐日韓国企業、韓日関係団体なども収録しており、関連統計や指標などのデータもあります。

『外国会社年鑑』　日本経済新聞社　（670/59R/21）

・外国企業編　欧米、韓国、中国などのアジアの注目企業、世界49カ国約4100社の業績、財務データ、企業概略などを掲載しています。

・在日外資系企業編　外国企業編に収録した会社を中心に在日支社・支店・関係企業を2051社収録しています。(50音順)

『世界企業ダイレクトリー　アジア編』　日本経済新聞社　（670/35R/60-1）

アジア　ＮＩＥＳ、ＡＳＥＡＮの8カ国上場、非上場有力企業5524社を掲載しています。

日本出資企業も収録しています。

漢字表記の社名を持つ韓国、台湾、香港、の企業は漢字社名も併記されています。

『世界企業ダイレクトリー　北米編』　日本経済新聞社　（670/35R/60-2）

上場会社、店頭公開会社、未上場の有力会社41019社を掲載しています。

会社名に日本語読みが付けられており、企業系列も記載されています。大手企業は企業ランキングを掲載しています。

『世界企業ダイレクトリー　欧州編』　日本経済新聞社　（670/35R/60-3）

英国企業を中心に欧州大陸(アフリカ含む)に本社をおく4561社を掲載しています。

上場企業、未上場、日本などの外国企業の現地法人も含まれています。配列は各国ごと欧文正式社名アルファベット順です。

ＮＤＣ	商業　（670：8版）		
キーワード	企業, 調べ方, 名簿		
調べ方作成日	2006/04/01	完成／未完成	完成
登録番号	2000000139	登録日時	2004年03月09日　17時59分
最終更新日時	2006年04月21日　14時31分	管理番号	福調-001
公開レベル	一般公開		

データ提供館情報

[基本情報]

館種： 公共（都道府県立）

職員数（専任計，非常勤・臨時）：（34, 20）

事業への参加時期： 2003年12月から

公開データ数：（レファレンス事例123, 調べ方マニュアル24, 特別コレクション29）

[調べ方マニュアル作成について]

作成開始時期： 2003年より作成。

目的： 当館作成の「パス・ファインダー作成要領」では、作成目的は次のとおり。

「目的： 利用者が求める資料に容易にたどり着く事ができるように、資料の検索や選択に役立つ情報をテーマごとに伝えることを目的とする。当館所蔵資料の調べ方・活用の仕方の案内資料として作成する。」

対象： 主として一般利用者向け（社会人、学生を含む）だが、市町村図書館職員向けの職員研修でも紹介している。

作成のタイミング： 調査相談係の職員一人につき、最低年に1件は作成し、毎年年度末または年度当初にホームページで公開し、館内でも配布している。

担当： 調査相談係職員7名（正規5名、嘱託2名）が担当。

[このデータについてひとこと]

利用者から聞かれる頻度が高いため作成した。

利用者が自力で検索することができるよう、専門的な用語は避け、表現などを分かりやすくするよう工夫した。

また、作成者一人だけの観点に頼らず、調査相談係全員に作成資料を回覧し、各人が作成者に情報提供やアドバイスを行い、より良い内容になるよう工夫した。

[関連するコンテンツ]

調べ方の近道案内

（福岡県立図書館ホームページ＞調べ方の近道案内）

http://www.lib.pref.fukuoka.jp/reference/index.htm

＞企業を調べるには

http://www.lib.pref.fukuoka.jp/reference/1_kigyou01.htm

◆参考情報

【企業を調べる調べ方マニュアルデータ】

「企業・団体リスト」(国立国会図書館　2000001970)
　　http://crd.ndl.go.jp/GENERAL/servlet/detail.manual?id=2000001970

「有価証券報告書」(国立国会図書館　2000000481)
　　http://crd.ndl.go.jp/GENERAL/servlet/detail.manual?id=2000000481

「社史・経済団体史(誌)」(国立国会図書館　2000001972)
　　http://crd.ndl.go.jp/GENERAL/servlet/detail.manual?id=2000001972

「知っていると便利　企業情報について」(東京都立中央図書館　2000000063)
　　http://crd.ndl.go.jp/GENERAL/servlet/detail.manual?id=2000000063

「企業情報の調べ方(株式会社)」(神奈川県立図書館　2000001650)
　　http://crd.ndl.go.jp/GENERAL/servlet/detail.manual?id=2000001650

「図書館調査ガイド　企業情報をしらべるには」(大阪府立中之島図書館　2000000200)
　　http://crd.ndl.go.jp/GENERAL/servlet/detail.manual?id=2000000200

「図書館調査ガイド　大阪の企業情報」(大阪府立中之島図書館　2000000206)
　　http://crd.ndl.go.jp/GENERAL/servlet/detail.manual?id=2000000206

「図書館調査ガイド　大阪の商工名鑑・商工会議所名簿」(大阪府立中之島図書館　2000000204)
　　http://crd.ndl.go.jp/GENERAL/servlet/detail.manual?id=2000000204

「ビジネス情報調べ方案内　2　企業情報について調べるには」(広島県立図書館　2000001533)
　　http://crd.ndl.go.jp/GENERAL/servlet/detail.manual?id=2000001533

「調べ方の近道案内　15　企業研究のための社史活用案内」(福岡県立図書館　2000000556)
　　http://crd.ndl.go.jp/GENERAL/servlet/detail.manual?id=2000000556

「企業・業界情報」(嘉悦大学情報メディアセンター　2000001241)
　　http://crd.ndl.go.jp/GENERAL/servlet/detail.manual?id=2000001241

「『アニュアルレポート』の調べ方(外国企業編)」(近畿大学中央図書館　2000001730)
　　http://crd.ndl.go.jp/GENERAL/servlet/detail.manual?id=2000001730

(8)　大阪府立中之島図書館　テーマ：図書館調査ガイド　法令のしらべ方
　　　(http://crd.ndl.go.jp/GENERAL/servlet/detail.manual?id=2000000201)

　法律・政令・条例などもよく聞かれる質問のひとつです。この事例では、「1　法令名　から探すには(現在有効な法令)」、「2　法令の制定年月日　から探すには」、「3　法令の内容　から探すには」と現在使われている法律を調べる方法を3つ提示して、それぞれについて案内をしています。これは、法律でも、今使われている法律に関する質問が多いからだと思われます。

以下、「4　廃止法令　を探すには」、「5　改正前の法令条文　を探すには」、「6　条約をしらべるには」、「7　法令の経過を調べるには」、「8　『通達』を探すには」、「9　オンラインデータベースで検索する」と続きます。最後に「10　法令の基礎知識」について解説しています。

　アンケートに寄せられた回答によれば、大阪府立中之島図書館では、調べ方マニュアルは、平成16年（2004）からビジネス支援サービス開始にともなって作りはじめたとのことです。この「法令のしらべ方」は、「もともと事務用に作成していたマニュアルにインターネットの情報を加えて作成した」もので、「所蔵している本の紹介だけでなく、インターネット上のものも含めて、できるだけ多くの情報源を載せるようにした。」とのことです。

　なお、「法令」には関連するものとして、条例、判例があります。さらに「法令」の解説、解釈、運用についてもよく聞かれることがらです。条例、判例については「調べ方マニュアル」にも登録されているものはありますが、解説、解釈、運用に関する文献等の調べ方に関するものはないようです。

調　べ　方

1　法令名　から探すには（現在有効な法令）

■『現行法規総覧』（加除式）　中・央　446-165＃
現在日本で通用している法令が網羅されています。「五十音・題名キーワード索引」があります。

■『六法全書』（有斐閣）　年刊　中・央　320.9-2N
主な法令が収録されています。

●「法令データ提供システム」（総務省行政管理局）　Web
http://law.e-gov.go.jp/cgi-bin/idxsearch.cgi
総務省行政管理局のページです。法令（憲法・法律・政令・勅令・府令・省令・規則）について検索できます。法令名中の用語から引ける索引、法令番号索引、事項別分類索引があります。

2　法令の制定年月日　から探すには

■『現行法規総覧』（加除式）　中・央　446-165＃
「年別索引」を用いて調べることができます。

■『法令全書』（国立印刷局）
月刊。日付で法令を探すことができます。明治年間（央）、大正年間（央）、昭和年間（央）、最新版（央）

とありますが、中之島図書館所蔵は、明治年間（中　446-223＃）原書房のみです。

■『官報』（国立印刷局）
平日に毎日発行される政府の公報。法令は官報に掲載されて「公布」となるので、公布年月日や改正年月日がわかっている場合は、その日付の官報をみることで目的の法令をみることができます。

●「インターネット版『官報』」（国立印刷局）　Web
http://kanpou.npb.go.jp/
当日正午までに掲載。掲載期間は、掲載後1週間です。
国立印刷局のサイトには、1947年5月3日以降の官報が検索できる「官報情報検索サービス」（会員制　有料）http://kanpou.npb.go.jp/search/introduce.htmlもあります。

●「官報資料版」（首相官邸）　Web
http://www.kantei.go.jp/jp/kanpo-shiryo/index.html
官報の付録として刊行される政府の調査資料について、1997年8月6日付以降について閲覧できます。

●「官報検索」（政府刊行物）　Web
http://www.gov-book.or.jp/asp/Kanpo/KanpoList/
1996年6月3日以降の『官報』の本紙、号外、政府調達広告版、資料版の目次検索が可能です。

3　法令の内容　から探すには
　　法令名や制定年月日の手がかりのない場合は、次のように調べることができます。

■『現行法規総覧』　中・央　446-165＃
「憲法」「国会」「行政一般」など項目別索引で調べられます。

■『六法全書』　中・央　320.9-2N
索引が利用できます。

●「法令データ提供システム」（総務省行政管理局）　Web
http://law.e-gov.go.jp/cgi-bin/idxsearch.cgi
事項別分類索引で法令を調べることができます。また、指定した用語を含む法令を調べる法令用語索引もあります。

4　廃止法令　を探すには
　　現在は効力のない法律は、制定時の『官報』をみれば調査することができます。

■『現行法規総覧』 中・央　446-165＃
制定年不明でも「旧法令改廃沿革索引」で調べると、制定および改正年月日がわかるので、『官報』で当時の法令をみることができます。『法令全書』でも制定当時の法令が出てきます。

●『日本法令索引』（国立国会図書館）　Web
　　http://hourei.ndl.go.jp/SearchSys/
『日本法令索引』が2003（平成15）年2月刊行の「平成14年9月1日現在」をもって休止に伴い、Webで公開されることになりました。

●「法令データ提供システム」（総務省行政管理局）　Web
http://law.e-gov.go.jp/cgi-bin/idxsearch.cgi
2001年4月1日（同システム運用開始）以降に廃止、失効した法令データを閲覧できます。

5　改正前の法令条文　を探すには

■『現行法規総覧』 中・央　446-165＃
各法令の条文の前にその法律の沿革が記載されています。改正の公布日を調べて、今回改正以前と前回改正年月日の間の『六法全書』を見ます。
『六法全書』に出ない法令の場合は、『官報』か『法令全書』でたどります。
他に、『日本法令索引』〔現行法令編〕（中・央　320.9-4N）でも過去の改正法の公布日が調べることができます。

6　条約　をしらべるには

　『現行法規総覧』の「条約」の巻に網羅的に収録されています。
　主要な条約については、コンパクトな『国際条例集』（中・央　329-6N）有斐閣や、小田滋・石本泰雄編『解説条約集』（中　329-42N）有斐閣でみることができます。

7　法令の経過　を調べるには

●『日本法令索引』（国立国会図書館）　Web
　　http://hourei.ndl.go.jp/SearchSys/
　検索結果にある「法令沿革」で法令の経過を調べることができます。あわせて「審議経過」も調査することができるものもあります。

8　「通達」　を探すには

■『基本行政通知・処理基準』〔加除式〕　　　　央　433-465＃

現行の「通達」が記載されています。重要なものを比較的網羅的に収録。50音順索引、年月日索引があり、名称か決裁日がわかれば検索は容易です。

● 「電子政府の総合窓口」（総務省行政管理局）　Web
http://www.e-gov.go.jp/
Webで公開されている政府の公開情報への「総合窓口」です。公開されている通知、訓令等を検索することができます。
これらの公開の程度は、各省庁によって違いがあります。訓令、告示等を掲載しているおもなサイトをご紹介します。

- 厚生労働省「法令等データベースシステム」
    http://wwwhourei.mhlw.go.jp/hourei/
- 消防庁「消防庁資料」
    http://www.fdma.go.jp/html/data/index.html
- 国税庁「通達等」
    http://www.nta.go.jp/category/tutatu/tutatu.htm
- 警察庁「訓令・通達等の公表」
    http://www.npa.go.jp/pub_docs/index.htm
- 公正取引委員会「法令・ガイドライン」
    http://www.jftc.go.jp/

9　オンラインデータベースで検索する

● 「レクシス・ネクシスＪＰ法総合データベース」　オンラインＤＢ
    http://www.lexisnexis.jp/legal/default.htm
現行法令約7,200件を収録。法令とは法律に加え、政令・勅令・府令・省令を含みます。
主要法令のうち、商法や民事訴訟法など36の法令は1948（昭和23）年以降の改正履歴を収録しています。
また、他の１５２の法令の改正履歴は1989（平成元）年より収録しています。
「改正履歴情報表示」では特定の時点において有効だった法令が表示できます。対応している法令は画面下方の対応法令一覧で確認できます。中之島図書館３階のデジタル情報室で閲覧できます。
未施行の法令についても条文を見ることができます。

10　法令の基礎知識
1．法令
　一般に、法律と命令を合わせて呼ぶ時に用います。「法律」は国会の議決を経て制定されたもの、「命令」は国会の議決を経ないで国の行政機関が制定するものをいいます．（『法律用語辞典』有斐閣）。
2．告示

告示とは、「公の機関が公示を必要とする事項、その他一定の事項を公に広く一般に知らせる行為の形式の一種」（『法律用語辞典』有斐閣）をいいます。

3．訓令

訓令とは、「上級官庁が、下級官庁の権限の行使を指揮するために発する命令」（『法律用語辞典』有斐閣）をいいます。

4．通達

通達とは、国家行政組織法に基づき、各大臣、各委員会及び各庁の長官がその所掌事務に関して所管の諸機関や職員に命令又は示達する形式の一種。法令の解釈、運用や行政執行の方針に関するものが多いです。

5．閣議決定

法令ではありませんが、行政府内でその後の活動の基本となる重要なものです。

《　立法の形式　》

条約	制定権者：内閣、	法令の名称：○○条約、○○協定
憲法	制定権者：改正国民	
法律	制定権者：国会、	法令の名称：○○法
政令	制定権者：内閣、	法令の名称：○○施行令、○○令

総理府令	制定権者：内閣総理大臣	
各省令	制定権者：各省大臣	
	… 法令の名称：○○法施行規則、○○規則、○○規程	

人事院規則	制定権者：人事院会議
会計検査院規則	制定権者：検査官会議
委員会規則	制定権者：公正取引委員会、国家公安委員会
衆議院・参議院規則	制定権者：本会議議決、両院議長協議決定
最高裁判所規則	制定権者：裁判官会議の議決
	… 法令の名称：○○規則、○○規定、○○規程

《『官報』と『法令全書』の掲載内容一覧》

・官報（日刊）

憲法、詔書、法律、政令、条約、総理府令、省令、規則、庁令、訓令（一部）、告示、

国会事項、裁判所事項、人事異動、叙位・叙勲、皇室事項、官庁報告、資料、地方自治事項及び公告

・法令全書（月刊）

憲法、詔書、法律、政令、条約、総理府令、省令、規則、庁令、訓令（一部）、告示

N D C	法律 （320：9版）		
キーワード	法令		
調べ方作成日	2006年12月9日	完成／未完成	完成
登 録 番 号	2000000201	登 録 日 時	2004年09月19日 13時48分
最終更新日時	2007年03月05日 14時47分	管 理 番 号	中図調－0002
公 開 レ ベ ル	一般公開		

データ提供館情報

[基本情報]

館種： 公共（都道府県立）

職員数（専任計, 非常勤・臨時）：（21（他に事務専任職員8）,20）[2007年3月5日現在]

事業への参加時期： 2003年12月から

公開データ数：（レファレンス事例0, 調べ方マニュアル23, 特別コレクション7）

[調べ方マニュアル作成について]

作成開始時期： 2004年度からビジネス支援サービス開始にともなって。

目的： 利用者のセルフレファレンス用

対象： ビジネスユーザ向け、一般利用者向け、スタッフ向け

作成のタイミング： 当初は1ヶ月に1回委員会を開催し、1ヶ月に1～2テーマずつ作成。現在はタイトル数が増えてきたので、メンテナンス作業も加わり、3～4ヶ月に1テーマ程度作成。

担当： 各室（ビジネス支援課、大阪古典籍課）より1～2名委員を選出し、今年度担当者は3名。他のスタッフに手伝ってもらうこともある。

[このデータについてひとこと]

利用者から問い合わせが多い事例。もともと事務用に作成していたマニュアルにインターネットの情報を加えて作成した。

HPに掲載した際に、容易に情報にたどりつけるよう、所蔵している本の紹介だけでなく、インターネット上のものも含めて、できるだけ多くの情報源を載せるようにした。

[関連するコンテンツ]

ビジネス調査ガイド

(大阪府立中之島図書館ホームページ＞ビジネス支援サービス＞ビジネス調査ガイド)
http://www.library.pref.osaka.jp/nakato/busi_top.html#guide
　＞法令のしらべ方
　　　http://www.library.pref.osaka.jp/nakato/guide/hourei.html

◆参考情報
【法令についての調べ方を解説した調べ方マニュアルデータ】
「知っていると便利　法令情報について」(東京都立中央図書館　2000001260)
　http://crd.ndl.go.jp/GENERAL/servlet/detail.manual?id=2000001260
「『ドイツ議会・法令資料』の調べ方」(近畿大学中央図書館)
　http://crd.ndl.go.jp/GENERAL/servlet/detail.manual?id=2000001137

1.4 医療情報を調べる

⑼　福岡県立図書館　テーマ：調べ方の近道案内　17　医療情報をさがす～病院・人物編～
　　　(http://crd.ndl.go.jp/GENERAL/servlet/detail.manual?id=2000000558)

　福岡県立図書館では、「医療情報をさがす」というタイトルで、くすり編、ことがら編、病院・人物編の3つを作成しています。ここでは病院・人物編を紹介しました。
　最初に「福岡近郊から」紹介している点が、地域のなかの公共図書館の役割をよく示しています。次に九州、全国と展開しています。市町村立図書館になりますと、地域の情報の調べ方を地域のレファレンスツールを示して次に県、地方、全国のものを使ってどのように調べるとよいか紹介することになるでしょう。

調べ方

福岡近郊から日本全国までの病院やお医者さんの名簿を紹介します。

1　病院を探すには？
『全国病院名鑑』　厚生問題研究会　2001　(498/16R/10)
全国の官公私立の全病院を網羅しています。おおむね2001年8月迄の調査資料に基づいて編集。開設者・代表者・所在地・電話番号・診察科目・特殊機能・特殊設備・院長ならびに管理役員・従事者数・病床数・1日平均の患者数・延べ建築面積・創立年月日・管轄保健所・管轄福祉事務所・沿革と特徴などの記載があります。付録に全国医科大学・全国歯科大学・全国薬科大学・臨床研修指定病院・緩和ケア病棟を有す

る病院・地域医療支援病院・医療技術者養成機関の名簿があります。

『病院要覧』　医学書院　2003　(498/16R/101)
都道府県ごとに病院名・開設者・所在地・診療科目・病床数・研修評価・院長名・管轄保健所名の記載と緊急告示病院・特定機能病院・災害拠点病院の表示があります。付録に全国医療関係機関・施設一覧、統計資料あります。平成14年9月1日現在のデータを主体として編纂。

『九州・沖縄病院情報』　（株）医事日報　2003　(498/16R/104)
　約1700の九州・沖縄県の病院の協力を得て調査編集した平成15年9月上旬の情報。所在地・設立・診療科目・医療サービス、設備・医療機器・病床数・医療従事者数・院長および役員の最終学歴卒年などの記載があります。

『認定病院評価結果の情報提供　九州・沖縄版』（財）日本医療機能評価機構　2003　(498/16R/123)
2003年7月15日現在の審査結果報告書を発行した認定病院のうち、病院機能評価結果の情報提供に同意した病院の情報を提供しています。151の病院の情報（所在地・理念と基本方針等・特徴・職員数・地図・開設者・診療科・関連施設・緊急医療の状況・病床数など）と日本医療機構評価機構による審査結果総括があります。付録に評点・評点傾向（参考）・用語集・コラムがあります。

『高齢者のための全国病院ガイド』　実業之日本社　1999　(498/16R/85)
療養型病床、特例許可老人病床のいずれかを持つ高齢者専門病院（約2400ヵ所）にアンケートを送り、回答した730ヶ所の情報を載せています。内容は、所在地、送迎バスの有無、診療科目、保険外自己負担、総病床数、コメント（PRのようなもの）、相談室の有無、痴呆などの受入の有無など。アンケートの結果は1999年6月現在のものです。また高齢者のための病院一覧も掲載しています。

『医者がすすめる専門病院　福岡県』　ライフ企画　2003　(K498//イ)
福岡県・熊本県・鹿児島県の専門医201人に「もしあなたやご家族が重い病気になった時どの病院のどの科で治療を受けますか」というアンケートを依頼した結果を掲載しています。
選出された福岡県内の97の病院284科を34のジャンルにわけ、科ごとの「スタッフ」「特色」「症例数・治療・成績」「医療設備」「外来診療」「医師略歴」を紹介しています。癌の治療では、治療法と5年生存率、心臓病では手術死亡率まで収録しています。付録に本書の利用法・医学用語解説・医療、健康関連ホームページ（国内/国外）・アンケート回答医師名があります。

ふくおか医療情報ネット（財団法人　福岡県メディカルセンター）
http://www.fmc.fukuoka.med.or.jp/qq/qq40gnmenult.asp
福岡県内の現在診療中の医療機関、いろんな条件での医療機関、在宅当番医の照会ができます。
地域の医療機関案内（社団法人　福岡県医師会）
　http://www.fukuoka.med.or.jp/

福岡県内各地域の病院、休日担当医の情報がわかります。

2 人物を探すには？

『医籍総覧』　医事公論　2003　（490/3R/46）
個人開業医を含む医療機関に勤務する医師の名簿です。氏名、勤務先、住所、生年月日、略歴、学位、趣味などを記載しています。病院については、敷地、病床、取引銀行、沿革、院長などの役職者、職員数を収録しています。西日本版と東日本版があります。

『新版全国名医・病院徹底ガイド』　主婦と生活社　2003　（498/46R/122）
6つの選定条件を決めています。①インフォームド・コンセント（充分な説明を行って同意を得る）を尊重し、実行している　②患者さんのＱＯＬ（クオリティ・オブ・ライフ＝生活の質）に配慮している　③診断、治療にすぐれ、人間的にも信頼、尊敬できる医師　④チーム医療では、そのチーム医療がしっかりしている　⑤患者さんと病気をトータルで考えている医師　⑥専門医としての知識が豊富で、さらに生涯教育につとめている。病院側もそれを大いにバックアップしている。
付録に「診療科の特徴」「得意診療の対象病名」「専門医の紹介」「得意診療分野」「患者さんへの一言」などの記載があります。

『迷ったときの医者選び　福岡』　南々社　2003　（498/16R/116）
医療情報取材チームが、足で集めた情報をもとに専門医186人を厳選しています。専門医に直接会って、お互いを評価してもらうことでその実力を確認する方法をとっています。専門医個人にスポットをあてています。「セカンド・オピニオン」「カルテ開示」などに対する医師の姿勢も調査しています。付録に、「福岡県の医療事情・専門医などが語る最新医療の現状と可能性」「専門医などが教える上手な病院のかかりかた」が収録されています。

『漢方名医マップ　西日本』　源草社　2003　（490/9R/132）
出版社が、調査し推奨できる病院、医師を厳選しています。選ばれた漢方医自ら執筆しています。病院名・所在地・地図・プロフィール・漢方治療暦・診察上留意している点、患者さんへのメッセージ、よく診ている病気、針灸治療の有無・煎じ薬とエキス剤の比率などの記載があります。付録に、「受診のための漢方ガイダンス」があります。

ReaD研究者情報　（科学技術振興事業団）　　　http://read.jst.go.jp/
研究者のプロフィールを参照したり、研究テーマから研究者を探したりすることができます。

N D C	医学 （490：8版）		
キーワード	病院, 医者		
登録番号	2000000558	登録日時	2005年10月25日 18時39分
最終更新日時	2005年12月03日 09時18分	管理番号	福調-017
公開レベル	一般公開		

データ提供館情報

[基本情報]

館種： 公共（都道府県立）

職員数（専任計, 非常勤・臨時）：（34, 20）

事業への参加時期： 2003年12月から

公開データ数：（レファレンス事例123, 調べ方マニュアル24, 特別コレクション29）

[調べ方マニュアル作成について]

作成開始時期： 2003年より作成。

目的： 当館作成の「パス・ファインダー作成要領」では、作成目的は次のとおり。

「目的： 利用者が求める資料に容易にたどり着く事ができるように、資料の検索や選択に役立つ情報をテーマごとに伝えることを目的とする。当館所蔵資料の調べ方・活用の仕方の案内資料として作成する。」

対象： 主として一般利用者向け（社会人、学生を含む）だが、市町村図書館職員向けの職員研修でも紹介している。

作成のタイミング： 調査相談係の職員一人につき、最低年に1件は作成し、毎年年度末または年度当初にホームページで公開し、館内でも配布している。

担当： 調査相談係職員7名（正規5名、嘱託2名）が担当。

[このデータについてひとこと]

　利用者から聞かれる頻度が高いため作成。

　利用者が、自力で検索することができるよう、専門的な用語は避け、表現などをわかりやすくするように工夫した。

　また、作成者一人だけの観点に頼らず、調査相談係全員に作成資料を回覧し、各人が作成者に情報提供やアドバイスを行い、より良い内容になるよう工夫した。

[関連するコンテンツ]

調べ方の近道案内

　（福岡県立図書館ホームページ＞調べ方の近道案内）

　http://www.lib.pref.fukuoka.jp/reference/index.htm

　　＞医療情報をさがす　～病院・人物編～

　　　http://www.lib.pref.fukuoka.jp/reference/17_byouin01.htm

[補足]

「医療情報をさがす」には、他に次の2件のデータがある。

調べ方の近道案内　14　医療情報をさがす～くすり編～（改訂）

　http://crd.ndl.go.jp/GENERAL/servlet/detail.manual?id=2000000555

調べ方の近道案内　18　医療情報をさがす～ことがら編～

　http://crd.ndl.go.jp/GENERAL/servlet/detail.manual?id=2000000559

◆参考情報

【医療情報についての調べ方を解説した調べ方マニュアルデータ】

「知っていると便利　医療情報（病名・病院・薬・法令・統計　など）」（東京都立中央図書館　2000001263）

　http://crd.ndl.go.jp/GENERAL/servlet/detail.manual?id=2000001263

　参照⇒69ページ

「診療ガイドラインの探し方」（東邦大学医学メディアセンター　2000000402）

　http://crd.ndl.go.jp/GENERAL/servlet/detail.manual?id=2000000402

　参照⇒118ページ

「ストレスについての調べ方」（福井県立図書館　2000001394）

　http://crd.ndl.go.jp/GENERAL/servlet/detail.manual?id=2000001394

(10)　東京都立中央図書館　テーマ：知っていると便利　医療情報（病名・病院・薬・法令・統計　など）

　　　（http://crd.ndl.go.jp/GENERAL/servlet/detail.manual?id=2000001263）

(9)で紹介した福岡県立図書館は、「医療情報をさがす」というタイトルで、くすり編、ことがら編、病院・人物編の3つに分けて作成していますが、ここで紹介する東京都立中央図書館の事例は、「病気の情報や医学用語、病院の住所・診療科目、薬の

情報、医療法規、統計などについて調べたい時に、参考になる図書をご紹介します」と、全般にわたって案内しているものです。

まず、「最近の情報は」と、新しい情報を探すツールを示して、次に、「4階自然科学室では、医療情報コーナーを設け、医療・健康情報収集のための基本的な資料・情報を揃えました。資料の探し方・所蔵などについて、お気軽に自然科学室カウンターへおたずねください」と館内の資料の置かれている階と相談カウンターを紹介しています。

構成は、次の通りです。
1. 病名（病気の情報）と 医学用語
2. 医師・研究者について →「知っていると便利　人物情報（自然科学・工学・医学・建築）」をご覧ください
3. 病院・学会
4. 薬について
5. 医療関係の企業情報　→　2階 ビジネス情報コーナー もご利用ください
6. 統計　→「知っていると便利　統計情報について」もあわせてご覧ください。
7. 法令・判例
8. 医学史
9. 医療関係の本・雑誌の情報
    関連情報を「→」で案内しています。きめ細かい配慮が行われていると感じます。

調　べ　方

病気の情報や医学用語、病院の住所・診療科目、薬の情報、医療法規、統計などについて調べたい時に、参考になる図書をご紹介します。

最近の情報については、新聞・雑誌も参考になります。新聞・雑誌記事の検索には、CD-ROMの『BUNSOKU』『雑誌記事索引』等をご利用ください。

4階自然科学室では、医療情報コーナーを設け、医療・健康情報収集のための基本的な資料・情報を揃えました。資料の探し方・所蔵などについて、お気軽に自然科学室カウンターへおたずねください。

　　★タイトルの前に☆印があるものは年鑑・年報類です。

　　★［　］内は当館での請求記号です。年鑑・年報類の請求記号の末尾には発行年または版数が入ります。検索パソコンまたは当館所蔵目録『東京都立中央図書館　逐次刊行物目録　年鑑・年報』で、ご確認ください。

1. 病名（病気の情報）と 医学用語
『医科学大事典』（講談社　1982～83,1983～91）　　［DR4903/66/1～51,66(2)/1～9］4階
　　全50巻・索引・年刊補遺版からなる。医学を中心とした関連分野から、事項、人名などを見出し項目とした五十音順事典。

項目に対応する外国語名・同義語・解説・参照等を記載している。カラー図版、写真が豊富でわかりやすい。

『医学大辞典』（医学書院　2003）　［R490.3/5041/2003］　4階

解説語約5万語を収録し、医学・医療の領域を網羅的にカバーした辞典。カラー図版も豊富。

『最新医学大辞典』（医歯薬出版　2005）　［R490.3/5057/2005］　4階

医学一般以外に、化学物質、治療薬、生薬、鍼灸などを含めて編まれた辞典。

第3版の本書では、医療の進歩にあわせてリハビリテーション、心療内科、形成外科など新たに分野を加え充実を図っている。

☆『今日の治療指針』（医学書院）　［R492.0/ 6/ ］　4階

治療法を中心に、疾患の概念・診断のポイント等が簡潔にまとめられている。

疾患名や症状を、巻末の事項索引で引くことができる。

『今日の診断指針 第5版』（医学書院 2002）　［492.1/5058/ 2002］　4階

一般臨床医・研修医を対象とした総合的な診療技術のテキストで、症候編と疾患編からなる。

疾患名や症状を巻末の索引で引くことができる。

『日本医学会医学用語辞典　英和　第2版』（南山堂　2001）　［R490.3/5018/2001］　4階

『日本医学会医学用語辞典　和英』（南山堂　1994）　［R4903/3024/94］　4階

『ステッドマン医学略語辞典』（メジカルビュー社 2001）　［R490.3/5027/2001］　4階

医療の現場で使われる略語に重点を置く。

処置・処方、病状・病態に関連した略語、検査法や薬剤併用療法等の略語、約45000語を収録。

『医語語源大辞典　縮刷版』（国書刊行会　1986）　［R4903/104/86］　4階

『医学用語の成り立ち』（栄光堂　1997）　［R4903/3045/97］　4階

医学外国語の中で、ギリシア語・ラテン語に由来するものをアルファベット順に配列し、語源と語の構成を解説する。日本語索引あり。

『家庭医学大全科』（法研　2004）　［R 598.3/5026/2004］　4階

医学用語に不慣れな場合でも、まず最初の基礎知識をわかりやすく得る際に有用となる資料。

『東洋医学大事典』（講談社　1988）　［DR4909/140/88］　4階

2．医師・研究者について　→「知っていると便利　人物情報（自然科学・工学・医学・建築）」をご覧ください。

3．病院・学会

☆『全国病院名鑑』（厚生問題研究会）　［DR498.1/387/ ］　4階

全国の官公私立全病院（医療法第1条の規定）を網羅。都道府県別、院長・副院長・事務長・婦長名、開設許可年月日、病床数など記載。

3年に1回刊行。

☆『病院要覧』（医学書院）［R498.1/115/ ］　4階

全国病院名簿（20床以上）。全国医療関係機関・施設一覧・医療関係団体・統計資料など収録。

2年に1回刊行。

☆『関東病院情報』（医事日報）　　［R498.1/5426/　］4階

関東地区の1都6県2200余りの病院を収録。診療科目、医療サービス、病床数、院長・副院長・事務長・各医長名など記載。

2年に1回刊行。

他に、北海道・東北、中部、近畿、中国・四国、九州・沖縄それぞれの病院情報もあり。

『医者がすすめる専門病院　東京都版』（ライフ企画）　　［RT498.1/5107/2004］5階　東京室

専門医へのアンケートをもとに発行。各病院のスタッフと専門分野、症例数・治療・成績、カルテ開示の可否など。

他に、千葉・茨城、埼玉、神奈川の各版あり（4階　自然科学室にて所蔵）。

☆『厚生行政関係公益法人要覧』（国政情報センター）　　［R490.3/3001/　］4階

厚生労働省関係の公益法人。設立年・基本財産・目的・事業・刊行物・理事長名など記載。

『全国名医・病院徹底ガイド』（主婦と生活社　2003）　　［R498.1/5107/2003］4階

診療科別に、医師4113人・病院1794を掲載。得意な診療分野や病名、専門医が紹介されている。

『全国『患者会』ガイド』（学習研究社　2004）　　［R498.0/5236/2004］4階

全国の患者会を中心に相談窓口約1500団体、ネットコミュニティー170サイトを掲載。

☆『医学会総覧』（ミクス）　　［R4906/40/　］4階

医学および医学関連の学会・研究所の所在とその概要を網羅。

3年に1回刊行。

『週刊医学界新聞』（医学書院　週刊）　　1階　新聞雑誌室　または　4階　医療情報コーナー

内容は主に学会情報だが、医学関連領域についても掲載される。

4．薬について

☆『JAPIC医療用医薬品集』（日本医薬情報センター）　　［R499.1/3042/　］4階

医療現場で使用されている医薬品について製品、組成、適応、用法、注意、作用等を記載。別冊として『薬剤識別コード一覧』あり。

☆『最近の新薬』（薬事日報社）　　［499.1/11/　］4階

毎年、新しく承認・新発売された医薬品を広く集め、分類整理して紹介する。

☆『一般薬日本医薬品集』（じほう）　　［R499.1/34/　］4階

2年ごとに新版発行。

市販されている医薬品の内容について五十音順に記載。巻末に、製薬会社の住所録あり。

『日本薬局方：第14改正　条文と注釈・解説書』全8冊（広川書店　2001～2003）　　［R499.1/6/14-1～14-3］4階

国が定めた医薬品の規格基準書（厚生労働省告示）の条文・内容を、分かりやすく注釈・解説したもの。

『新世界の医薬品集・薬局方』（薬事日報者　2005）　　［499.1/5079/2005］4階

53ヵ国91種の医薬品集、24ヵ国28種の薬局方を紹介。

『JAPIC添付文書記載病名集2006』（財団法人日本医薬情報センター　2005）　［499.1/5086/2005］4階
　　　添付文書の病名とICD10（国際疾病分類第10版）コードを関連付け、医薬品の商品名ごとに一覧にまとめたもの。
　　　医薬品添付文書については、医薬医療機器情報提供ホームページ（http://www.info.pmda.go.jp）でも確認できる。
☆『医薬品・医療衛生用品価格表』（薬事日報社）　［R499.1/9/　］4階
　　　現在、一般市場に流通している医薬品・医療衛生用品の価格を、メーカー・発売元の報告により記載。
『薬の事典』（朝倉書店 2001）　［R499.1/5030/2001］4階
　　　薬の歴史、区分、薬事行政、働き、安全性、各疾患別の治療薬の解説等、薬の総合事典。
『写真でわかる処方薬事典　最新版』（ナツメ社　2005）　［R499.1/5046/2005］4階
『医薬品副作用要覧』（ミクス、エルゼビア・ジャパン　1991～2004）　［R4915/3125/94、2～3］4階
　　　厚生労働省の情報をまとめる。薬剤名、症状、部位別症状の各索引がある。
『医者からもらった薬早わかり事典』（主婦と生活社　2002）　［R/499.1 /3064 /2003］4階
　　　薬の製品名、製品識別コード、分類名・製剤（成分）名から調べることができる。漢方製剤も収録している。
『中薬大辞典』全5巻（小学館 1985）　［DR4998/97/1～5 ］4階
　　　中国の古今の資料と世界各国の資料を参考にしてまとめられた生薬学の集大成となる辞典。
『和漢薬の事典』（朝倉書店　2002）　［R499.8/5048/2002］4階
　　　約300品目の生薬について、出典、起源、産地、成分、薬理作用、処方例などを記載。
『図説漢方医薬大事典 ：中国薬学大典』全4巻（講談社 1982）　［DR4998/29/1～4 ］4階
　　　陳存仁著の日本語版。有効な中国薬物400種の薬効の解説と大判の彩色図版からなる。
『世界薬用植物百科事典』（誠文堂新光社 2000）　［DR499.8/5023/2000］4階
　　　世界の代表的な薬用植物約550種について、実用的な解説とその医薬的使用法。

5．医療関係の企業情報　→　2階　ビジネス情報コーナー　もご利用ください。
☆『医薬品企業総覧』（じほう）　［R499.5/14/　］4階
　　　製薬会社・卸売会社の最新のデータブック。業績（売上高・経常利益・伸び率・経営指標など）・役員・従業員状況・製品・仕入先などの詳細な情報と、それらの上位ランキングを掲載。
☆『日本医薬品企業要覧 製薬業編』（ドラッグマガジン）　［R499.0/3139/　］4階
☆『日本医薬品企業要覧 卸業編』（ドラッグマガジン）　［R499.0/3141/　］4階
☆『有力ドラッグストア・調剤企業要覧』（ドラッグマガジン）　［R499.0/3140/　］4階
☆『ドラッグストア名鑑』（日本ホームセンター研究所）　［R499.0/5007/　］4階
　　　ドラッグストア・薬局を都道府県別に掲載。社名でも店名でも探せる索引がある。
☆『医療機器会社名簿』（東洋メディカル社）　［R/535.4/5013/2004］4階
　　　都道府県別に収録。営業品目、主な仕入先等の項目あり。巻末に社名索引あり。

6．統計　→「知っていると便利　統計情報について」もあわせてご覧ください。

☆『厚生統計要覧』（厚生統計協会）　［R498.1/100/　］4階
　　人口・世帯・保健医療・社会福祉・社会保険など、主要な厚生統計を収録。

☆『国民衛生の動向』（厚生統計協会）　［498.1/621/　］4階
　　雑誌『厚生の指標』（1階　新聞雑誌室）の臨時増刊号。保健医療・生活環境の現状と動向についての速報解説版。

☆『国民栄養の現状』（第一出版）　［D498.5/206/　］4階
　　国民健康・栄養調査として、健康状態、食品摂取量、栄養素等の摂取量を調査した報告書。

☆『国民医療費』（厚生統計協会）　［D498.1/620/　］4階
　　医療機関等において傷病の治療に要した費用をまとめたもの。医療経済における重要な指標の一つである。

☆『患者調査』全国編／都道府県・二次医療圏編 2分冊（厚生統計協会）　［D498.1/243/　］4階
　　傷病名・受療状況・入院期間等を調査したもの。調査日当日に医療施設を受療した患者の推計数。

☆『医療施設調査(動態調査)病院報告』全国編／都道府県編 2分冊（厚生統計協会）　［D498.1/101/　］4階
　　施設数、診療科目、診療・手術・検査状況、救急・看護体制等についての医療施設調査と、患者の利用状況、従事者数等の病院報告からなる。

☆『地域保健医療基礎統計』（厚生統計協会）　［DR498.1/622/　］4階
　　「医療施設（静態・動態）調査」「衛生行政報告例」等から、地域保健医療に関する主要な統計情報を収録。

☆『病院経営実態調査報告』（全国公私病院連盟）　［DR498.1/426/　］4階

☆『病院経営分析調査報告』（全国公私病院連盟）　［DR498.1/459/　］4階

☆『がんの統計』（がん研究振興財団）　［DR491.6/114/　］4階

『日本の死因統計集成』（近代日本歴史統計資料）全32巻（東洋書林 2000～2004）　［R498.0/5047/1～32］4階
　　内閣統計局が編纂した『日本帝国死因統計』の復刻。
　　1906（明治39年）から1937・38（昭和12・13年）までの統計。

『食の安全と健康意識データ集』（生活情報センター）　［R498.5/5337/　］4階
　　食の表示・安全・摂取、飲酒・喫煙、健康管理、医療・医薬についての、アンケート調査によるデータ集。

7．法令・判例

☆『医療政策六法』（中央法規出版）　［R498.1/411/　］4階
　　諸法令及び通知・疑義照会回答などを収録した法規集。
　　保健医療施設（医療法、救急医療及びへき地保健医療関係等）、保健医療関係者等（医師法、救急救命士法関係等）、薬事、保健医療対策（予防接種法、介護保険法等）、参考法令、資料（医療事故判例、統計資料等）の6編からなる。

☆『実務衛生行政六法』(新日本法規出版) 　[R498.1/418/ 　] 　4階
　　衛生行政全般に関する法律、政令、省令、告示等を収録した法規集。
『医事紛争法律問題質疑応答集』2分冊(ぎょうせい 加除式資料) 　[4981/559/78, 2] 　4階
　　医療事故に関する判例を平易な形に整理し、その要点を質疑応答の形で分かりやすく解説した資料。法律上の諸問題を10項目の医療行為別に分類している。診断・治療・注射・投薬・麻酔・輸血・手術・放射線・出産・看護等。

8．医学史
『人類医学年表　古今東西対照』三木栄ほか著(思文閣出版　1981) 　[R4903/59/81] 　4階　閉架
　　紀元前から現在に至る、人類の医の知識のおおまかな流れや、年代の記録。
『図説日本医療文化史』宗田一著 　(思文閣出版　1989) 　[D4902/3011/89] 　4階　閉架
　　古代から明治までの日本の医学史。写真・図版が豊富。
『図説日本の"医"の歴史』上・下　小池猪一著(大空社　1993) 　[D4902/3055/1〜2] 　4階　閉架
『西洋医学史ハンドブック』(朝倉書店 1996) 　[4902/3084/96] 　4階
　　原始より15世紀までは各地域、16世紀以降は1世紀ごとに章を分け、当時の医療、学説、人物、エピソード等が記述される。人名、事項索引あり。
『中国医学の歴史』(東洋学術出版社 1997) 　[4902/3098/97] 4階
　　原始・上古から清代まで中国医学の歴史を編年体の章立てで論述。挿画・写真あり。
　　巻末に方剤名一覧、中国医薬学史年表、事項・人名・書名索引あり。
『戦後日本病人史』(農山漁村文化協会 2002) 　[498.0/5111/2002] 4階
　　戦争・被爆者から、経済復興・高度成長期の公害、成人病、薬害、寝たきり・痴呆問題、脳死・臓器移植、生殖革命、情報革命とゲノムまで、半世紀余のめまぐるしい変遷を、病人・障害者を中心に捉えたもの。

9．医療関係の本・雑誌の情報
『健康・食事の本全情報80／92』『健康・食事の本全情報1993－2004』(日外アソシエーツ)
　　[R498.0/3084/92,2004] 　4階
　　健康・病気と食事の問題に関する図書の目録。
『医療問題の本全情報45／96』『医療問題の本全情報1996－2003』(日外アソシエーツ) 　[R4980/3176/96] [R498.0/5203/2004] 　4階
　　医療行政、地域医療、災害医療などに関する図書の目録。
『JAPIC医薬資料ガイド2005年版』((財)日本医薬情報センター附属図書館　2005) 　[DR490.3/5055/2005] 4階
　　日本医薬情報センター附属図書館の所蔵目録。世界各地の薬事法、薬局方関連情報等を調べることができる。

N D C	医学　（49：9版）		
キーワード	医療, 医学, 病院, 医薬品, 薬, 健康, 医師, 病気		
備　　考	http://www.library.metro.tokyo.jp/16/16330.html		
調べ方作成日	2006年03月		
登録番号	2000001263	登録日時	2006年10月06日　16時37分
最終更新日時	2007年02月09日　15時25分	管理番号	都立図調-0008
公開レベル	一般公開		

データ提供館情報

[基本情報]

館種： 公共（都道府県立）

職員数（専任計, 非常勤・臨時）： (136, 26)

事業への参加時期： 2003年12月から

公開データ数：（レファレンス事例1092, 調べ方マニュアル11, 特別コレクション16）

[調べ方マニュアル作成について]

作成開始時期： 1996年度から

目的： 利用者のセルフレファレンス用として作成している。都立中央図書館が所蔵する資料を利用者によりよく活用していただくことを目的に、主要な参考図書や検索方法をまとめて印刷物として、館内で配布している。

対象： 利用者全般

作成のタイミング： 内容の更新は年に1回。新規作成は不定期。

担当： テーマの選定と作成は、各テーマを扱っている係の担当者（各係1人）が行う。資料の解題については、担当者以外の職員で分担することもある。

[このデータについてひとこと]

　病気、病院・医師、薬品等を調べるツールのほか、統計・法令・医学史など、医療に関わる情報を幅広くとらえ、有用なツールを紹介している。医療情報という性質上、出版年の新しい資料を紹介するように留意しているが、特定主題の辞事典類など、それに代わる資料が近年に出版されていないものは、多少出版年が古いものも含まれている。

[関連するコンテンツ]

テーマ別に調べるには　知っていると便利シリーズ

（東京都立図書館ホームページ＞テーマ別に調べるには）

http://www.library.metro.tokyo.jp/16/16300.html

　＞知っていると便利　医療情報（病名・病院・薬・法令・統計　など）

　　http://www.library.metro.tokyo.jp/16/16330.html

◆**参考情報**

【医療情報についての調べ方を解説した調べ方マニュアルデータ】

「テーマ：調べ方の近道案内　17　医療情報をさがす～病院・人物編～」（福岡県立図書館　2000000558）

　http://crd.ndl.go.jp/GENERAL/servlet/detail.manual?id=2000000558

　参照⇒65ページ

「調べ方の近道案内　14　医療情報をさがす～くすり編～（改訂）」（福岡県立図書館　2000000555）

　http://crd.ndl.go.jp/GENERAL/servlet/detail.manual?id=2000000555

「調べ方の近道案内　18　医療情報をさがす～ことがら編～」（福岡県立図書館　2000000559）

　http://crd.ndl.go.jp/GENERAL/servlet/detail.manual?id=2000000559

「診療ガイドラインの探し方」（東邦大学医学メディアセンター　2000000402）

　http://crd.ndl.go.jp/GENERAL/servlet/detail.manual?id=2000000402

　参照⇒118ページ

「ストレスについての調べ方」（福井県立図書館　2000001394）

　http://crd.ndl.go.jp/GENERAL/servlet/detail.manual?id=2000001394

1.5 調べ学習に生かす

⑾　県立長野図書館　テーマ：恐竜について（夏休み自由研究）

　　（http://crd.ndl.go.jp/GENERAL/servlet/detail.manual?id=2000001614）

　児童・生徒向けの調べ方マニュアルの例です。調べ学習への援助など、公共図書館はこれから要望が寄せられることになるでしょう。公共図書館は学校図書館に比べて資料数が多く、資料の種類も多岐にわたります。このような調べ方マニュアルを作ることで、一層利用が進むでしょう。

調べ方

1. 恐竜について調べるときのキーワードにはどのようなものがあるか考えてみましょう。

    例えば、恐竜ってどんな生き物？　いつ、どんなところにいたの？　は虫類、ほ乳類？
    何を食べていたの？　どうして絶滅したの？　などいろいろなことが考えられます。

2. はじめに調べたい恐竜のだいたいの意味をつかみましょう

    恐竜はどんな生き物で、ほんとうにいたのか、いつごろいたのか、どうしているのがわかったのかを、まずはしらべてみましょう。次のような本があるのでみてみましょう。

    『　　』のなかは本のだいめいで、次にあるのは本のしゅっぱんしゃです。

    [　　]のなかは、本にはられたラベルに書かれた記号で、この記号を「せいきゅうきごう（請求記号）」といいます。

    (1) 『なぜなぜ大事典2　動物101』学研　［０３１／オ／２］「じてん」のコーナーにあります
    (2) 『まんがこども大百科』集英社　［０３１／シ］「じてん」のコーナーにあります
    (3) 『２１世紀こども百科』小学館　［０３１／ニ］「じてん」のコーナーにあります
    (4) 『恐竜の大常識　これだけは知っておきたい５』ポプラ社　［457／ニ］「４　かがく」のコーナーにあります

3. 本をさがしてみましょう

    (1) テーマのたなに行ってみましょう

        図書館の本には１冊ごとに「せいきゅうきごう」がついています。

        「せいきゅうきごう」の１段目には、その本に書かれている内容、テーマを表わす「ぶんるいきごう（分類記号）」がついています。本はこの「ぶんるいきごう」の順に並んでいます。

        関係するテーマ（分野）の「ぶんるいきごう」は、「じてん」の０３１と、「きょうりゅう」の４５７です。

        それぞれの番号のたなにいってみましょう。

    (2) たなにある本の例

        恐竜についての本には次のようなものがあります。どれも「４.かがく」のコーナーにありますので、内容をみてみましょう。

        ① 『恐竜世界のひみつ　学研まんが新ひみつシリーズ』　学研　［４５７／キ］
        ② 『図解恐竜のすべて』　新星出版社　［４５７／ズ］
        ③ 『恐竜の探検館　親と子の行動図鑑』　世界文化社　［４５７／キ］
        ④ 『恐竜の楽園　１〜３』　理論社　［４５７／エ／１〜３］
        ⑤ 『恐竜の行動とくらし１〜４』偕成社　［４５７／サ／１〜４］
        ⑥ 『きょうりゅう』ひかりのくに　［４５７／キ］
        ⑦ 『日本のきょうりゅう』ハッピーオウル社　［４５７／ヒ］

ＮＤＣ	古生物学, 化石　（457：9版）		
キーワード	恐竜, 自由研究		
調べ方作成日	2006年07月01日	完成／未完成	完成
登録番号	2000001614	登録日時	2006年12月06日　12時12分
最終更新日時	2006年12月06日　15時38分	管理番号	県立長野－調－０００１
公開レベル	一般公開		

データ提供館情報

[基本情報]

館種：　公共（都道府県立）

職員数（専任計, 非常勤・臨時）：（25, 10）[2007年3月8日現在]

事業への参加時期：　2003年12月から

公開データ数：（レファレンス事例116, 調べ方マニュアル1, 特別コレクション0）

[調べ方マニュアル作成について]

作成開始時期：　今夏(注：2006年)、活字の小学生向け調べ方ガイド（Ａ４版１枚）を16件作成し、来館者に配布した。調べ方マニュアルの作成は、これが初めてである。

目的：　現在は前述のように利用者のセルフレファレンス用として作成したもののみ。

対象：　作成したものは、小学生向けのみ。

作成のタイミング：　不定期

担当：　レファレンス事例データの作成と併せて、５名の職員が他の業務と兼務で担当。

[このデータについてひとこと]

　今年度夏休み向けの館内企画展に合わせて、小学生対象の調べ方ガイドを１６件作成したので、その中の１件をレファレンス協同データベース・システム研修会の事前課題として登録した。

　児童対象の調べ方マニュアルの場合、漢字の表記や、用語の意味の解説などをどの程度行うかを考えた。

[補足]

　今夏の企画展「つくる・あそぶ・しらべる夏休み図書館」に際し、作成した調べ方ガイドのタイトルは下記のとおり。

①　長野県について調べてみよう

②　世界の国ぐにについて調べてみよう

③ 戦国の武将について調べてみよう
④ 自分のなりたい職業について調べてみよう
⑤ おばけについて調べよう
⑥ 絶滅危機動物（レッドリスト）について調べてみよう
⑦ 恐竜について調べてみよう（今回データ登録）
⑧ たべものについてしらべてみよう
⑨ 日本のおもちゃであそんでみよう
⑩ 環境について調べてみよう
⑪ 夏野菜について調べてみよう
⑫ メジャーリーガーについて調べてみよう
⑬ 世界遺産について調べてみよう
⑭ アウトドアの知識について調べてみよう
⑮ ことばについて調べてみよう
⑯ 外国語について調べてみよう

　この16件に加え、導入として「なにをしらべようか－けんきゅうのテーマをみつけだそう」、また、まとめとして「どんなけんきゅうができたかな－けんきゅうのまとめをしてみよう」のタイトルのプリントを配布した。

◆**参考情報**

【児童・生徒向け調べ方マニュアルデータ】
「大和川の付け替え（川違え）について」（堺市立中央図書館　2000001619）
　http://crd.ndl.go.jp/GENERAL/servlet/detail.manual?id=2000001619
「数え方を調べる」（香川県立図書館　2000001156）
　http://crd.ndl.go.jp/GENERAL/servlet/detail.manual?id=2000001156

【ウェブサイト】
「総合的学習を支援する資料」（札幌市中央図書館）
　http://www.city.sapporo.jp/tosyokan/ht/document/gakusyu/gakusyu.html
※図書館調べ学習手引書（小学生用）、同（中・高校生用）が公開されている。

「パスファインダー」（北広島市図書館）
　http://www.lib.city.kitahiroshima.hokkaido.jp/lib/passfinder/passfinder.htm
※北広島市図書館及び、石狩管内高等学校司書業務担当者研究会が作成したパスファインダーが公開されている。うち、石狩管内高等学校司書業務担当者研究会作成のパスファインダーは、学校図書館入門シリーズ１２「パスファインダーを作ろう－情報を探す道しるべ－」石狩管内高等学校司書業務担当者研究会著（全国学校図書館協議会）で紹介されている。

1.6 その他特徴的なテーマ

⑿　札幌市中央図書館　テーマ：古典
　　（http://crd.ndl.go.jp/GENERAL/servlet/detail.manual?id=2000000141）

> 　簡潔に分かりやすくまとめられています。アンケートによりますと「1、2年目の職員を対象とした係内研修の資料として」作成しているとのことです。
> 　構成は、次の通りです。
> 1　対象，目的
> 2　正式な資料名の調査と活字本収録資料調査
> 3　所蔵調査
> 4　古典（古文献）による資料・事項調査
> 5　主要資料・史料集，古典文学全集
> 6　全集・資料集の内容細目
> 　紹介してあるレファレンスツールには簡単な解説が付いています。よく目配りがきいていると思います。

調　べ　方

参考調査係マニュアル　レファレンス　分野編1　古典

1　対象，目的
　　日本の古典（江戸期末までの成立）の活字本所蔵調査と，古典を活用した資料・事項調査に必要な最小限の参考資料及び主要資料集の周知。

2　正式な資料名の調査と活字本収録資料調査
　○「国書総目録」　R025.1 コ　全9巻　'89-91　岩波書店
　　・国初から江戸末（慶応3）までに日本人が著編撰訳した，現物が確認できる全ての和漢書50万点の目録。／第8巻：叢書目録・補遺，第9巻：著者名索引。
　　・書名五十音順／成立，現存写本・版本，活字本（～'64 ／収録叢書名等）
　　※「古典籍総合目録」　R025.1 コ　全3巻　'90　岩波書店
　　　・「国書総目録」の追補で '88までの追加調査判明分（活字本情報無し）。
　　※「国書読み方辞典」　R025.1 コ　'96　おうふう
　　　・読み方が判らないものや読みにくい書名の調査。
　　　・漢和辞典編成／巻頭に総画索引，巻末に音訓索引。
　　※「国書人名辞典」　R281 コ　全5巻　'93-99　岩波書店
　　　・「国書総目録」に収録された著者のうち，伝記の判明する約3万人を解説。

- 人名読み，生没年，号・別名，家系・経歴，著作物，参考文献等。
○「全集叢書細目総覧」 R027.4 ゼ 全3巻 国立国会図書館編 '73-'89 紀伊国屋書店
- 約2000種の全集叢書（活字本）の内容細目と書名索引（巻末に難読索引）からなり「古典編」のみ刊行。／正編：明治〜'70，補遺：'71-'85
○「国史大辞典」 R210.03 コ 全15巻 '79-'97 吉川弘文館
- 考古，民俗，国文等関連分野を含む，最も詳細・大部な日本史辞典。
- 著者名からの検索，史料〔名〕索引からの検索。
- 概要，正式名称・別称・異称・通称，活字本(含/抄録)，参考文献等／叢書細目。
 ※「日本史文献解題辞典」 R210 ニ '00 吉川弘文館
  「国史大辞典」から史料を抽出，重要な4700項目選択し一部に加筆・改稿。巻末に，典籍〔名漢字五十音順〕索引有り。
○「日本古典文学大辞典」 R910.3 ニ 全6巻 '83-'85 岩波書店
- 江戸末（一部明治初）までに成立した国語学，関連分野をも含めた大辞典。
- 作品（内容，作風，諸本，活字翻刻，参考文献等),人物，事項等約1.3万項目。
○「国文学複製翻刻書目総覧」 R910.3 コ 全2冊 貴重本刊行会
- 刊行された活字本の情報 ／ 正：'45-'80，続：'81-'86
- 各巻末に収録叢書全集一覧
○「古典の事典」 R910.3 コ 全15冊 '86 河出書房新社
- 時代別編成（奈良〜江戸末）／15巻：索引（各巻別），年表，資料。
- あらまし，原典の構成，原典（活字収録資料）と参考書（評価）等。

3 所蔵調査
 1) 個別資料名
  正式名称で探せない場合は別称・異称・通称等でも調査する。
 2) 収録全集叢書名
  版次等の名称（新訂，増補，続・新等）に注意し，場合により中間一致検索やキーワードによる複合検索を行う。

4 古典（古文献）による資料・事項調査
  江戸期以前の事象，事物についての調査（主に，近現代の資料では判らないか，情報が不足する場合）。
 1) 類書（百科事項を抄録により編集／資料原文が読める）
  ○「和漢三才図会」 R031.2 テ /全18巻 平凡社（東洋文庫）
   日本で初めての図入り百科事典で本草に重点／江戸中期(1717)成立／第18巻末に総索引，総目次有り。
  ○「古事類苑」 SR031.2 コ 全60巻 原著：明治29-大正3 吉川弘文館
   古代〜近世の制度，文物，社会，産業等社会全般の事項について，関連文献（書籍名，巻数／本文引用）を記載した主題別編成の百科事典。一部復刻版無し。

○「広文庫」 SR031 コ 全20巻 原著：大正5 広文庫刊行会
　五十音順の百科項目の資料抄録（原文が読める）。
2) 古文献の索引（資料名がわかるのみなので所蔵調査が必要）
○「群書索引」 R031 グ 全3巻 原著：大正5 名著普及会
　5万件の項目を五十音順に配列した文献（書籍名，巻数・丁数）索引。引用文は無いので原文を読むなら「広文庫」（項目当たりの文献数は少なめ）。
○「日本随筆索引」 R031 ニ 全2巻 原著：大正14,昭和7 岩波書店
　江戸時代の随筆（正:214，続:178種を対象）から社会，風俗，習慣等に係る項目を五十音順に配列した索引。原文は収録せず。
3) 特定叢書の索引，解題
○「古事類苑　総目次・索引」 R031.2 コ 吉川弘文館
　「古事類苑」の総目次，索引（項目五十音順）。
○「群書類従正続分類総目録・文献年表」 R081 Z5 続群書類従完成会
　「群書類従」正続の各巻内容細目，五十音順資料名索引等。正編のみＣＤ－ＲＯＭ有り（書名，輯等で検索／画面で本文も読める）。
○「群書解題」 R081 G94 全11巻12冊 続群書類従完成会
　「群書類従」正続の解題。書名読み，成立，内容等／第11巻は総目次，書名索引，筆者伝等。

5　主要資料・史料集，古典文学全集
　1) 全般
○「群書類従」 S081 続群書類従完成会等
　正:ハ;29巻／続:Z5;37巻+14巻　／続続:Z5;17巻　／新:シ;10巻
　江戸時代後期に塙保己一が古代からの諸書を，神祇，系譜，装束，和歌，合戦等25部に分類・編纂した叢書（大部・重要古典は除く）。続編は明治に刊行。
　2) 史書／近世まで
○「新訂増補国史大系」 S210.08 コ 全60巻 吉川弘文館
　日本書紀，続日本紀，日本後紀，続日本後紀，日本文徳天皇実録，日本三代実録（以上「六国史」（りっこく　し）」）以下，吾妻鑑，徳川実紀等古代からの主要基礎史書集成。
○「史籍集覧」 S210.08 シ
　「改定史籍集覧」(全33巻)，「続史籍集覧」(全10巻)／「群書類従」未収録史書を主体に安土桃山・江戸時代の史書，戦記，伝記，日記等を多く収録。
　3) 史書／幕末・維新
○「日本史籍協会叢書」 S210.08 ニ 正:全192巻;欠巻有／続:全100巻 東京大学出版会
　大久保利通日記・文書，木戸孝允日記・文書，奇兵隊日記等を含む，明治維新関係史料集。藩・個人の記録，風聞，当時の著作物，回想・伝記，便覧等。
　4) 庶民史（～明治中期)
○「日本庶民生活史料集成」 S382.1 ニ 全31冊 三一書房

江戸〜明治中期の庶民生活の諸相を示す記録，随筆，日記等の史料集。4巻の「探検・紀行・地誌（北辺編）」は「蝦夷日記」や「近世蝦夷人物誌」等北海道関係収録。31巻は総目次，総索引。

5）思想

○「日本思想大系」 S081 = 全67冊 岩波書店

古代〜明治維新までの広い意味での思想関係文献集成。21巻に「御成敗式目」，27巻に「武家書法度」，また空海，新井白石等個人別の巻も有り。ルビ付き訓読文を本文とし，頭注・補注，解題・解説，漢文（原文）。

6）随筆

○「日本随筆大成」 S914 N77 3期(23, 24, 18冊)+別巻10冊 吉川弘文館

江戸時代の随筆の集大成。「兎園小説」（馬琴），「飛鳥川」，「嬉遊笑覧」等約300種。

7）古典文学全集

○「日本古典文学大系」 918 = 全102冊 '57-'79 岩波書店

代表的な古典を系統的に取り上げ，最良の底本と厳密な校訂を施した本文に，豊富な注解と解説を加えている。索引2巻は語句事項索引と総目録（内容細目）。

○「新日本古典文学大系」 918 シ 全104冊 '89- 岩波書店

最新の成果を反映した新しい古典文学全集。別巻4冊は，「八代集」，「源氏物語」，「今昔物語」の索引，「続日本紀」索引年表。

○「新編日本古典文学全集」 918 シ 全88冊 '94-'02 小学館

訓読文を本文とし，現代語訳，頭注，原文等を付す。

6 全集・資料集の内容細目

○「日本史大事典7 索引」 R210 = '94 平凡社

『主要叢書一覧』で古典を主体とする全集・資料集の各巻書名，内容細目が判る。

Ｎ Ｄ Ｃ	一般書誌．全国書誌 （025：9版）		
キーワード	古典，国書		
調べ方作成日	2005/06/10	完成／未完成	完成
登 録 番 号	2000000141	登 録 日 時	2004年03月18日 02時12分
最終更新日時	2007年01月17日 12時45分	管 理 番 号	札調０１
公開レベル	一般公開		

データ提供館情報

[基本情報]

館種： 公共（政令都市立）

職員数（専任計，非常勤・臨時）：（47, 28）[2007年2月28日現在]

事業への参加時期： 2003年12月から

公開データ数：（レファレンス事例0, 調べ方マニュアル10, 特別コレクション0）

[**調べ方マニュアル作成について**]

作成開始時期： 始まりは1980年頃、大改訂は1997年から順次。

目的： 1、2年目の職員を対象とした係内研修の資料として

対象： スタッフ向け

作成のタイミング： 不定期

担当： 基本は1名。内容によって担当職員が加わる（郷土資料・逐次刊行物など）。

[**このデータについてひとこと**]

　一定の水準でレファレンスサービスを行う必要性から、同種のレファレンス調査経験を基に、基本資料、有用ＨＰを盛り込み汎用化した。

　実践的に活用する為、資料現物・ＨＰ等を実際に活用しながら研修を行っている（原則、毎年改訂）。

◆**参考情報**

【古典に関する調べ方マニュアルデータ】

「知っていると便利　日本の古典をさがす」（東京都立中央図書館　2000001265）
　http://crd.ndl.go.jp/GENERAL/servlet/detail.manual?id=2000001265

「知っていると便利　日本の詩歌をさがすには」（東京都立中央図書館　2000001266）
　http://crd.ndl.go.jp/GENERAL/servlet/detail.manual?id=2000001266

「『俳句』の調べ方」（近畿大学中央図書館　2000001271）
　http://crd.ndl.go.jp/GENERAL/servlet/detail.manual?id=2000001271

「『漢文・漢籍資料』の調べ方（叢書編）」（近畿大学中央図書館　2000001330）
　http://crd.ndl.go.jp/GENERAL/servlet/detail.manual?id=2000001330

「『和歌・短歌』の調べ方」（近畿大学中央図書館　2000001290）
　http://crd.ndl.go.jp/GENERAL/servlet/detail.manual?id=2000001290

「和歌・俳句の検索」（国立国会図書館　2000001830）
　http://crd.ndl.go.jp/GENERAL/servlet/detail.manual?id=2000001830

「能・狂言について調べる（調べ方案内Milestone No.2）」（埼玉県立久喜図書館　2000000819）
　http://crd.ndl.go.jp/GENERAL/servlet/detail.manual?id=2000000819

⒀　埼玉県立久喜図書館　テーマ：水と環境／健康について調べる（調べ方案内　Milestone　No.3）
　　（http://crd.ndl.go.jp/GENERAL/servlet/detail.manual?id=2000000820）

> 　水と環境、健康というキーワードが並ぶと誰でもどのような内容か関心を抱くでしょう。最近、利用者の関心を集めているテーマです。
> 　構成は、「テーマ」、「キーワード」、「関連資料・情報の集め方」となっていて、「関連資料・情報の集め方」は、さらに「1　入門的な情報源を見る」、「2　テーマに関連する図書を探す」、「3　調べものの本（参考図書）を使う」、「4　テーマに関連する雑誌記事、論文を探す」、「5　新聞記事を探す」、「6　AV資料を探す」、「7　関連する研究機関・WEBサイトを見る」となっています。データベースやインターネットの検索は、2から5、それぞれに組み込まれています。目配りがきいたよい例だと思います。

調　べ　方

◆テーマ

　水環境が悪化し、水と健康やおいしく安全な水への関心が高まっています。一方、世界では水資源不足が深刻化する国が増え、地球の水危機が指摘されています。
　水と環境・健康をテーマに、情報の探し方をご案内します。

◆キーワード

　特定のテーマについての情報を探す場合には、あらかじめ調べたいテーマを象徴するキーワードを決めてから調査を開始すると、手際よく情報を集めることができます。
　　〈水〉　〈水問題〉　〈水資源〉　〈水質汚濁〉　〈海洋汚染〉
　関連する以下のキーワードも使用すると、さらに多くの情報を入手できるでしょう。
　　〈飲料水〉　〈水道〉　〈地下水〉　〈河川〉　〈湖沼〉　〈干潟〉　〈海洋〉　〈酸性雨〉
　　〈ダム〉　〈河口堰〉　〈世界水フォーラム〉　〈ミネラルウォーター〉　〈温泉〉　〈温泉療法〉

◆関連資料・情報の集め方

1　入門的な情報源を見る
キーワードで百科事典や用語事典を引いてみましょう。
　『イミダス　2006』　集英社　2006　〈世界の水危機〉〈酸性雨〉ほか　p561〜
　『知恵蔵　2006』　朝日新聞社　2006　〈環境（吉野川河口堰・諫早湾干潟埋立ほか）〉p445〜
　〈国際淡水年2003〉p150　〈水（飲用水）〉p963
　『現代用語の基礎知識　2006』　自由国民社　2006　〈酸性雨〉〈海洋の汚染〉ほか　p197
　〈水ビジネス〉p657　〈活水器に都がNo！〉p1086

『環境大事典』　日刊工業新聞社　2003　〈水資源〉p692　〈酸性雨〉p247
『環境問題情報事典　第2版』　日外アソシエーツ　2001　〈水質汚濁〉p176　〈海洋汚染〉p45
〈ダム〉p211　〈飲料水〉p20　〈ミネラルウォーター〉p319

2　テーマに関連する図書を探す

◇図書館にある本を探す
(1)　直接本棚を探す
次の主題分類（＊）の書架を見に行きましょう。
435.44（水／無機科学）　　452.9（陸水学）　　517（河川工学）　　518.1（水道工学）　　519.4
（水質汚濁・海洋汚染）　　453.9（温泉学）　　492.54（温泉療法）498（衛生学・予防医学）
　＊主題分類とは資料の内容を数字（日本十進分類法）に置き換えて表示したものです。
　　埼玉県立図書館の資料は、原則として主題分類順に並べられています。

(2)　検索用コンピュータで探す
「件名」の欄に上記のキーワードや分類を入力して検索をしてみましょう。
　『水の不思議　part 2』　松井健一／著　日刊工業新聞　1980
　『水をめぐる人と自然』　嘉田由紀子／著　有斐閣　2003
　『地球の水が危ない』　高橋裕／著　岩波書店　2003
　『酸性雨』　畠山史郎／著　日本評論社　2003
　『温泉の医学』　飯島裕一／著　講談社　1998

(3)　テーマ別資料リストで探す
『「水と生命－環境・健康・地球の水危機」資料リスト』(2005/12)は、目的別に編集された所蔵資料目録です。

◇図書館にない本も含めて刊行された本を探す
(1)　図書館にある目録類で探す
　『環境問題文献目録　2000-2002』　日外アソシエーツ　2003
　『地球・自然環境の本全情報　1999-2003』　日外アソシエーツ　2004
　『健康・食事の本全情報　1993-2004』　日外アソシエーツ　2004
(2)　インターネットで探す
　国立国会図書館　NDL-OPAC（http://opac.ndl.go.jp/）
　国立情報学研究所　Webcat Plus（http://webcatplus-international.nii.ac.jp/）
　本やタウン（http://www.honya-town.co.jp/index.html）

3 調べものの本（参考図書）を使う

参考図書（＊）の主題分類［2（1）参照］の書架を見てみましょう。

『水の百科事典』　高橋裕／編　丸善　1997

『水の事典』　太田猛彦／編　朝倉書店　2004

『ミネラルの事典』　糸川嘉則／編　朝倉書店　2003

＊事典・辞書、ハンドブックなど調べものに使う本を参考図書といい、埼玉県立図書館では背ラベルにRの記号を付け、一般書とは別の書架に置いてあります。

4 テーマに関連する雑誌記事、論文を探す

◇雑誌記事、論文を探す

(1) 図書館にある目録類で探す

『環境問題記事索引　1988-1997』（日外アソシエーツ　1999）

(2) 《国立国会図書館 雑誌記事索引》や《MAGAZINEPLUS（＊）》をキーワードで検索する

「水問題の新しい局面－グローバルとローカルの間で（特集2）」　『科学』　2003年2月号

「第3回世界水フォーラム（特集）」　『生活と環境』　2003年5月号

「水の質と安全性に迫る（特集）」　『食の科学』　2003年7月号

「温泉「誇大表示」に公取委が「喝」」　『サンデー毎日』　2003年9月21日号

＊雑誌・論文のオンラインデータベースです。検索及び複写サービスは調査相談カウンターで行っています。

5 新聞記事を探す

新聞縮刷版（＊）や新聞記事データベース（＊＊）で関連する出来事についての新聞記事を調べることができます。

新聞縮刷版：『朝日新聞　縮刷版』　『毎日新聞　縮刷版』　『読売新聞　縮刷版』　『埼玉新聞　縮刷版』

データベース：『読売新聞縮刷版ＣＤ－ＲＯＭ』　『埼玉新聞見出し記事索引』

＊新聞を一ヶ月単位で縮小製本したものです。目次や索引があり記事を探しやすくなっています。

＊＊新聞記事の見出しや本文をデータベース化したものです。キーワードで記事を検索することができます。

6 ＡＶ資料を探す

『埼玉県立図書館所蔵視聴覚資料目録』の主題分類［2（1）参照］を見てみましょう。

『私たちの水　1　水源の森を守れ』　1999　ＶＨＳ（30分）

『私たちの水　2　水の神さまを探せ』　1999　ＶＨＳ（30分）

『私たちの水　3　生き物のつながりの中に入ろう』　1999　ＶＨＳ（30分）

『あなたはこんな水を飲んでいる』　1990　ＶＨＳ（50分）

7　関連する研究機関・WEBサイトを見る
環境省（http://www.env.go.jp/）
水環境総合情報サイト（環境省）（http://mizu.nies.go.jp/index.asp）

ＮＤＣ	衛生工学．都市工学　（518：9版）		
キーワード	水, 水問題, 水資源, 水質汚濁, 海洋汚染, 飲料水, 水道, 地下水, 河川, 湖沼, 干潟, 海洋, 酸性雨, ダム, 河口堰, 世界水フォーラム, ミネラルウォーター, 温泉, 温泉療法		
調べ方作成日	2005/12/20	完成／未完成	完成
登録番号	2000000820	登録日時	2006年03月29日　02時11分
最終更新日時	2006年03月30日　10時05分	管理番号	埼久-003
公開レベル	一般公開		

データ提供館情報

[基本情報]

館種：　公共（都道府県立）
職員数（専任計, 非常勤・臨時）：（36, 1）
事業への参加時期：　2003年12月から
公開データ数：（レファレンス事例6199, 調べ方マニュアル9, 特別コレクション0）

[調べ方マニュアル作成について]

作成開始時期：　2005年7月から「調べ方案内」を作成している。
目的：　第1の目的は利用者のセルフレファレンスのため。第2の目的は作成を通じ職員間で最低限の方法論を提示するため。
対象：　「図書館利用の初心者を対象に」を心がけて作成している。図書館用語などは使わず、できるだけ平易で理解しやすい言葉を使うようにしている。
作成のタイミング：　初夏、初秋、初冬、初春を目安に、資料のテーマ展示に合わせて、年間最低4回作成。2005年度は6回作成。
担当：　埼玉県立久喜図書館のレファレンス業務は、参考調査グループ（芸術・文学担当4名、自然科学担当4名、情報サービス担当3名、新聞・雑誌担当3名　計14名）でサービスを行っている。
　このうち、芸術・文学担当と自然科学担当で調べ方案内の作成を担当している。今年度の場合、芸術・文学は1名、自然科学は展示担当1名他1名の2名。展示と作成にあたっては担当と担当リーダー（主幹）との間で連絡と相談を行う。

[このデータについてひとこと]

　資料展示のリスト作成にともなう作業の一貫として作成した。

　ポイントとなるのは以下の点である。

- 作成担当者がテーマを決める際の「話題性」の着目の仕方
- 利用者にとって広範囲に有益な内容かなどの視点
- 担当または調査グループ内での相談・調整

　また、実際に作成する際、できるだけ専門用語や図書館用語を排した、利用者にとって読みやすく分かりやすい文章にすることに最も苦労している。

[関連するコンテンツ]

調べ方案内

　（埼玉県立図書館ホームページ＞調査・相談サービス（レファレンス）＞調べ方案内）

　　https://www.lib.pref.saitama.jp/stplib_doc/reference/shirabekata.html

　　　＞水と環境／健康について調べる　（調べ方案内 Milestone　No.3）

　　　　https://www.lib.pref.saitama.jp/stplib_doc/reference/milestone/mizu.html

⒁　香川県立図書館　テーマ：ブックリスト「団塊の世代のこれから－豊かな定年後のために」
　　（平成17年9月16日発行）

　　（http://crd.ndl.go.jp/GENERAL/servlet/detail.manual?id=2000001122）

> 　図書館でテーマに関するブックリストを作ることをきっかけに調べ方マニュアルデータを作成した例です。ブックリストそのものへのリンクを示すだけとし、リストの内容紹介があり、リストを作成した方法について紹介があります。調べ方マニュアルの内容としては簡単なものですが、こうした方法で作成することもできます。

調　べ　方

次のURLにブックリストがあります。

http://www.library.pref.kagawa.jp/kgwlib_doc/info/booklist8.htm

（内容紹介）

　「第二次世界大戦後間もない１９４７年から１９４９年のベビーブーム時代に生まれたいわゆる「団塊の世代」に属する人は約７００万人。日本の人口の５％以上を占めています。

　わが国の高度成長を支えてきたこの世代の多くが、２００７年以降、定年退職の時期を迎え、長らく続けてきたサラリーマン生活に終止符を打ち、新たなライフステージに進みます。

このブックリストでは、定年後の生き方に関する知識を深め、人生80年時代をいきいきと豊かに暮らすためのさまざまな資料を紹介します。

リストには、次のようなキーワードを挙げて図書の情報をリストアップしています。

パート1:「定年を控えて」
（キーワード：団塊の世代、定年、退職の手続き、老後設計）
パート2:「生活の基盤」
（キーワード：再就職、起業、農村生活、海外生活、財産管理、年金）
パート3:「豊かに暮らす」
（キーワード：ボランティア活動、健康法、夫婦関係、孫とのふれあい、巡礼、自分史作成、図書館の利用）

紹介する図書は、香川県立図書館に所蔵するものです。」

調べ方作成日	2005年09月16日		
登録番号	2000001122	登録日時	2006年09月11日 14時34分
最終更新日時	2006年09月11日 14時34分	管理番号	香調－9
公開レベル	一般公開		

データ提供館情報

[基本情報]

館種： 公共（都道府県立）

職員数（専任計, 非常勤・臨時）：（24, 10）

事業への参加時期： 2003年12月から

公開データ数：（レファレンス事例594, 調べ方マニュアル25, 特別コレクション3）

[調べ方マニュアル作成について]

作成開始時期： 2006年9月から。

目的： 利用者のセルフレファレンスに役立てばと考えて作成している。

対象： 特に対象を想定はしていないが、一般成人が対象かと考えている。

作成のタイミング： 不定期

担当： ブックリストを収書担当職員が作成し、ペーパーによる配布やWebでの公開を行った。レファレンス担当職員がそれを「調べ方マニュアル」のデータとしてレファレンス協同データベースに登録した。

[このデータについてひとこと]

　当館では年一回、テーマを決めてブックリストを作成し、ペーパーで配布したり、Ｗｅｂで公開している。その既存のコンテンツを調べ方マニュアルデータとして活用できないかと思い、Ｗｅｂ版を使ってデータを作成し、レファレンス協同データベースに登録した。

[関連するコンテンツ]

ブックリスト「団塊の世代のこれから－豊かな定年後のために」
（香川県立図書館ホームページ＞ブックリスト）
http://www.library.pref.kagawa.jp/kgwlib_doc/info/booklist8.htm

[補足１]

ブックリスト『団塊の世代のこれから－豊かな定年後のために』」掲載資料（抜粋）
※凡例：書名　著者・編集者　発行所　発行年　資料番号　請求記号　場所区分

◆パート１:「定年を控えて」（団塊の世代、定年、退職の手続き、老後設計）
・団塊世代の定年と日本経済　樋口美雄／編著・財務省財務総合政策研究所／編著　日本評論社　2004年　1106961095　33210　H32　一般
・定年退職と女性－時代を切りひらいた１０人の証言　女性労働問題研究会／編　ドメス出版　2004年　1106684663　36638　J3　3　一般
・図解わかる定年前後の手続きのすべて　２００５－２００６年版　中尾幸村／著　新星出版社　2005年　1107073452　36770　N15　1-5　一般
・老後設計　幸福な定年後　足立紀尚／著　晶文社　2002年　1106200080　36770　A8　一般

◆パート２:「生活の基盤」（再就職、起業、農村生活、海外生活、財産管理、年金）
・定年後の仕事選び－いつまでも元気に働くために　日本経済新聞社／編　日本経済新聞社　2005年　1106810029　36629　N4　3　一般
・起業　定年自営のすすめ　西山昭彦／著　講談社　2001年　1105878027　36770　N21　一般
・定年になったら農業をやろう－大地と空といい汗と　吉津耕一／著　オーエス出版　2000年　1105993214　6119　K24　2　一般
・年金月２１万円の海外暮らし実現ガイド　立道和子／著　文藝春秋　2005年　1106969999　2909　T38　一般
・財産管理　定年前からはじめる相続・遺言・不動産対策のすべて　灰谷健司・三菱信託銀行シニアライフ研究会／編著　日本経済新聞社　2003年　1106474552　33698　H7　一般
・年金　年金をとりもどす法　社会保険庁有志／著　講談社　2004年　1106962945　36460　S8　（講談社現代新書1764）　新書

◆パート3:「豊かに暮らす」(ボランティア活動、健康法、夫婦関係、孫とのふれあい、巡礼、自分史作成、図書館の利用)
・タンゴの国で盆踊り－シニアボランティアのアルゼンチン滞在記　牧田繁子／著　洋泉社 2005年 1107072843 2965　M1　新着
・アンチエイジング入門　－よくわかる－老化を防ぐ知恵とコツ　田中孝・中山芳瑛／著　主婦の友社 2005年　1106784653 4913　T55　一般
・夫婦関係 老後を愉しむ「伴侶」との過ごし方　伊藤むつ子／著　ＰＨＰ研究所 2002年 1106247263 36770　I12　一般
・孫育てじょうず－幸せ祖父母になるためのアドバイス　主婦の友社／編　主婦の友社　2005年 1106808213 37990　S29　一般
・巡礼 歩く四国遍路千二百キロ－ある定年退職者の３１日の旅　西川阿羅漢／著　現代書館 1999年 1105658312 K1885　N22　郷土
・気軽に自分史－楽しく書こう、あなたの"歴史書"　近江哲史／著　日外アソシエーツ 2005年 1106950536 2807　O1　一般
・図書館の利用 図書館に行ってくるよ－シニア世代のライフワーク探し　近江哲史／著　日外アソシエーツ 2003年 1106614736 0104　O5　一般

[補足2]

関連するレファレンス事例データ
◆この調べ方マニュアルデータ作成のヒントとなったレファレンス事例データ
・自分史の書き方の本はあるか
http://crd.ndl.go.jp/GENERAL/servlet/detail.reference?id=1000029540
◆この調べ方マニュアルデータが回答の参考となったレファレンス事例データ
・定年後、野菜作りをはじめたい。参考になる資料はないか？
http://crd.ndl.go.jp/GENERAL/servlet/detail.reference?id=1000030747

2 大学図書館の調べ方マニュアル
2.1 新入生や初学者を対象に

⒂　愛知淑徳大学図書館　テーマ：認知心理学（Cognitive psychology）
　　（http://crd.ndl.go.jp/GENERAL/servlet/detail.manual?id=2000000675）

> 　心理学を学ぶ学生のために作成された例です。よくできています。他の図書館の参考としていただけるでしょう。
> 　はじめに解説があり、「関連するパスファインダー：心理学」の紹介、そして「目次」で構成が分かるようになっています。構成は、「下調べ（事前調査）」「情報集め（文献調査）」「その他の有用なサイトやリンク」となっています。これは、同大学図書館のパスファインダーの標準的なフォーマットとなっているものです。
> 　なお、アンケートの回答によりますと、愛知淑徳大学図書館では、「OCLCのCORC（Cooperative Online Resource Catalog, Connexionの旧称）プロジェクトに、大学院文学研究科図書館情報学専攻とメタデータについて共同研究をするために、2000年1月から参加、2000年7月にConnexion本格運用開始した後、2002年4月から図書館でパスファインダーを作成しはじめた」ということです。
> 　このデータにあるように、利用者に提示する調べ方マニュアルには（気楽に）「図書館員にお尋ねください。」という一文が、他の調べ方マニュアルデータにも書かれていたらとも思います。

■ 調　べ　方

■愛知淑徳大学図書館パスファインダー
■■認知心理学（Cognitive psychology）

《利用上の注意が文末にあります！》

このパスファインダーは認知心理学に関する「何か」を調べたいときや、レポートや論文を書くために必要な資料・情報の収集をお手伝いする「道しるべ」です。このパスファインダーには図書館の資料や、インターネット上に提供されている文献、データベース、出版情報やリンクなど選りすぐりの資料・情報が掲載されています。パスファインダーは当館作成の『レポート・論文の書き方』<http://www2.aasa.ac.jp/org/lib/j/netresource_j/docs/writing_j.html>に基づいていますので、ステップを確認しながら利用することをお勧めします。もちろん必要な部分だけを参考にすることもできますし、これら以外にも資料・情報はたくさんありますので図書館員にお尋ねください。

○認知心理学は1950年代に成立した比較的新しい領域の心理学で、「人間の認知に関連する活動、構造、

表現などを研究する学問（『認知心理学事典』．新曜社．1998.）」「人間の知のはたらきを解明しようとする、新しい科学（『認知心理学 1』．東京大学出版会．1995.）」などと定義されています。具体的には、記憶、学習、知覚、注意、思考、判断、推論、イメージ形成などが対象になるので、ある程度調べる対象を絞ることが必要です。複合領域として言語学や脳神経学などとも関連します。認知心理学とはどのようなものなのか、取り扱われる視点からも定義が微妙に異なります。

　　※関連するパスファインダー：心理学<http://www2.aasa.ac.jp/org/lib/j/netresource_j/pf/pf_psyc_j.html>
　　※キーワード：認知心理学、認知（心理学）、Cognitive psychology、Cognition
　　※分類記号：14151、または 141
　　※一般図書（和書）の配架場所：2F/閲覧室（長久手本館）、4F/星（星が丘分館）

■もくじ
Ⅰ．下調べ（事前調査）
　A．百科事典・時事用語辞典
　B．辞書（一般・専門）
　C．入門書
　D．雑誌
Ⅱ．情報集め（文献調査）
　A．愛知淑徳大学図書館の資料を探す
　B．レファレンス資料を利用して探す
　C．ほかの図書館の資料を探す
　D．出版情報
Ⅲ．その他の有用なサイトやリンク

■Ⅰ．下調べ（事前調査）

《A．百科事典》

●JapanKnowledge ジャパンナレッジ．愛知淑徳大学内LANに接続されたパソコンで利用可
<http://www2.aasa.ac.jp/org/lib/j/netresource_j/netresource_j.html>

検索画面で「認知心理学」と入力すると2件ヒットする。『日本大百科事典』内の項目には、簡単な説明と関連項目「心理学」「認知科学」へのリンクと参考文献がある。

●Wikipedia.
<http://ja.wikipedia.org/wiki/>

検索画面で「認知心理学」と入力し、検索ボタンを押すと、認知心理学の簡単な説明と代表的研究者のリスト、関連項目として「認知科学」「認知言語学」「バラス・スキナー -- ノーム・チョムスキー」へのリンクがある。

●Encyclopedia of psychology.

American Psychological Association（APA）出版の百科事典で、心理学全般を網羅している。認知心理学については「Cognitive psychology」 -- 2巻 150～162ページに記述がある。
「Cognitive psychology is a broad field concerned with memory, pattern recognition, consciousness, neuroscience, representation of knowledge, cognitive development, language, thinking, and human and artificial intelligence.（2巻 150ページ)」と説明しているように、第8巻の巻末にある "Index" を利用して調べたい項目を絞って調べるとよい。各項目ごとに参考文献がある。
NCID:BA46002019 / ISBN:1557981876 (set)
【140/E58/ 140/E582/ 所在= 4Fレファ/星 レファ/長】

●encyclopedia.com
<http://www.encyclopedia.com/>

ウェブで公開されている『Columibia Encyclopedia』の無料の百科事典。トップページにある "Enter Keyword" に「Cognitive psychology」と入力すると、「Cognitive psychology（認知心理学とは何か）」<http://www.encyclopedia.com/html/c1/cognitiv.asp>などを含む、認知心理学に関連のある項目が209件ヒットする。

《B. 辞書（一般・専門)》

認知心理学に含まれる研究領域「記憶」「思考」「知覚」などは、各辞書の索引を利用して調べるとよいでしょう。

●認知心理学事典. 1998.

翻訳であるが、認知心理学を対象にした日本語で書かれた事典としてはこれが一押し。項目ごとに参考文献がある。巻末には「和文索引」「欧文索引」がある。
NCID:BA36146056 / 全国書誌番号:99010693 / ISBN:4788506475
【14151/E94/ 所在= 4Fレファ/星 レファ/長】

●心理学辞典. 有斐閣. 1999.

「心理学や近接領域の専門家にとっても、学生や一般読者にとっても使いやすく、またこれらの人々の必要性を満たす情報が盛り込まれた心理学辞典を目指した。」(「はしがき」から)
認知心理学については「知的機能の解明に関わる心理学を全般にさす（664～665ページ）」と説明している。引用・参考文献は 913～976ページにある。巻末に「和文人名索引」「欧文人名索引」「和文事項索引」「欧文事項索引」がある。
NCID:BA39567232 ／ 全国書誌番号:99070980 ／ ISBN:4641002592
【140/N34-3 140/N34-4/ 所在= 4Fレファ/星 レファ/長 2F/長】

●心理学事典. 新版. 平凡社. 1981.

「認知心理学」-- 660～662ページ。和文索引は［843］-895ページ、欧文索引は［897］-970ページにある。
NCID:BA00640460 ／ 全国書誌番号:82006074
【140/SH699/ア 140/SH691/ア 所在= B1/レファ/星 レファ/長】

●Blackwell's dictionary of cognitive psychology. 1990.

少し古いが認知心理学に関連する概念を網羅している辞書。
「Cognitive psychology is concerned with information processing,
and incudes a variety of procsses such as attention, perception, learning, and memory;
it is also concerned with the structures and srepresentations involved in cognition. (61ページ)」
「Attention」 -- 23～28ページ、「Perception」 -- 248ページ。「Learning」 からは See参照があり、「Cognitive development」「Cognitive science」「Concept learning」「Expertise」「Learning styles」などをリストしている。論文ごとに参考文献があり、巻末に索引がある。
NCID:BA11370796 ／ ISBN:0631156828
【141/E94-1 141/B52 所在= B2/星 レファ/長】

《C. 入門書》

●認知心理学：知のアーキテクチャを探る. 2003.

認知心理学の入門書で、参考文献も豊富である。引用・参考文献一覧は254～268ページにある。
内容：第1章 認知心理学誕生と変貌 -- 第2章 知覚の基礎―環境とのファーストコンタクト -- 第3章 高次の知覚と注意 -- 第4章 表象―こころの中身、その形式 -- 第5章 記憶―自己を支えるデータベース -- 第6章 言語―心とことば -- 第7章問題解決と推論
NCID:BA60561972 ／ 全国書誌番号:20372609 ／ ISBN:4641121672

【14151/MI13 所在= 2F/長】

●認知心理学キーワード. 2005.

認知心理学とはどのような学問なのか、概観をつかむ際にキーワードごとに拾い読みできるので便利である。
「認知心理学の基礎的な内容から新しい知見まで、知識の整理と概念の正確な理解のために厳選された105個のキーワードを見開き2ページで解説する。」(「カバー」より)
文中の難しい言葉は227～250ページにある「用語解説」で確認できる。巻末に「事項索引」がある。
内容：第1章 認知心理学の成立と展開 -- 第2章 知覚と注意 -- 第3章 記憶と忘却 -- 第4章 知識と表象 -- 第5章 概念と言語 -- 第6章 問題解決と推論 -- 第7章 学習と認知発達 -- 第8章 認知心理学の研究の広がりと応用
NCID:BA72247272 ／ 全国書誌番号:20799523 ／ ISBN:4641058806
【14151/MO45-1 所在= 2F／長】

●認知心理学. 1995.

認知心理学を扱った5巻セットの入門書である。
「初めて認知心理学の書をひもとく読者を想定…できるだけわかりやすい表現を心がけた (『序文』より)」
各章ごとに参考文献がある。
内容：1. 知覚と運動 -- 2. 記憶 -- 3. 言語 -- 4. 思考 -- 5. 学習と発達
<v.1>NCID:BN13466763 ／ 全国書誌番号:96020438 ／ ISBN:4130151010
<v.2>NCID:BN13308106 ／ 全国書誌番号:96020439 ／ ISBN:4130151029
<v.3>NCID:BN13632385 ／ 全国書誌番号:96022223 ／ ISBN:4130151037
<v.4>NCID:BN13849525 ／ 全国書誌番号:96051521 ／ ISBN:4130151045
<v.5>NCID:BN13712065 ／ 全国書誌番号:96032208 ／ ISBN:4130151053
【141/N76/ 141/N764/ 所在= B1/星 2F/長】

●Cognitive psychology : a student's handbook. 5th ed. c2005.

学部生のために書かれたテキストで、各章ごとにお勧め文献と巻末に豊富な参考文献がある。用語解説 (Glossaries) は 555～566ページ、参考文献 (References) は 567～619ページ。巻末に "Author index" と "Subject index" がある。
NCID:BA71880815 ／ ISBN:1841693596
【14151/E94 所在= 書庫D/長】

●Cognitive psychology and its implications. 4th ed. 1995.

長く改訂され続けている、教科書として定番の本。ウェブで公開されている論文等からの引用も多い。『GoogleScholar』<http://scholar.google.com/>によると、第5版は955件の引用数（2005年11月28日現在）。当館は第4版を所蔵、第6版を受入予定。

内容：1. The science of cognition -- 2.Perception -- 3. Attention and performance -- 4. Perception-based knowledge representations -- 5. Meaning-based knowledge representations -- 6.Human memory: encoding and storage -- 7. Human memory: Retention and retrieval -- 8. Problem solving -- 9. Developoment and expertise -- 10. Reasoning and decision making -- 11. Language structure -- 12. Language comprehension -- 13. Individual differences in cognition.
NCID:BA24840586 ／ ISBN:0716723859

【141/A461/ア　所在= 書庫D/長】

《D. 雑誌タイトル》

当館に所蔵のないタイトルや欠号に収録されている論文を入手したい場合は、相互協力のサービスを利用しましょう。くわしくはレファレンスデスクにおたずねください。

●認知心理学研究. 日本認知心理学会.

2004年5月から年2回刊。本学には所蔵がないが、掲載論文の抄録をWeb<http://www.cogpsy.jp/gakkaisi.html>から見ることができる。NCID:AA11971335 ／ ISSN:13487264

●心理學研究. 日本心理學会.

隔月刊。心理学全般を扱っている学術雑誌だが認知心理学に関連する論文も多く掲載されている。『MAGAZINEPLUS』または『雑誌記事索引』<http://opac.ndl.go.jp/index.html>で検索するとよい。
　『MAGAZINEPLUS』の場合、検索画面の"雑誌名"の欄に「心理学研究」、"キーワード"に「認知」と入力すると、170件ヒットする（2005年12月5日現在）。『PsycInfo』では論文の英語抄録を見ることができる。検索するフィールドとプルダウンメニューから"Journal Title"を選び、雑誌の英語名「The Japanese journal of psychology」と入力すると、2,473件論文がヒットする。（2005年12月12日現在）　NCID:AN00123620 ／ ISSN:00215236

【所在= バック/長　し　1944-2005　19-63,65-75,76(1-4)+】
【所在= B2雑誌/星 M14/し　1970-2005　41-75,76(1-4)+】

●基礎心理学研究. 日本基礎心理学会.

年2回刊。認知心理学は基礎心理学研究の一分野とされているので、認知心理学が対象とする各分野の論文も多く掲載されている。過去に掲載された記事は『MAGAZINEPLUS』または『雑誌記事索引』<http://opac.ndl.go.jp/index.html>で検索するとよい。
『MAGAZINEPLUS』の場合、検索画面の "雑誌名" の欄に「基礎心理学研究」と入力し、"キーワード" に「認知」と入力すると、15件ヒットする。(2005年12月5日現在) NCID:AN00006194 / ISSN:02877651
【所在= バック/長 1982-2005 1-23+】

●Cognitive psychology.

記憶、言語生成、知覚、問題解決と思考などの分野の研究を中心に基礎研究・理論的研究の成果はもとより、教材や指導法、レヴューなどが掲載されている。研究領域としては、人工頭脳、発達心理学、言語学、神経生理学、社会心理学をも含む。
『PsycInfo』に収録されているので、論文を検索する際に使用するとよい。詳細検索画面に入りプルダウンメニューから "Journal Title" を選び「Cognitive psychology」と入力し検索すると2,138件がヒットする（2005年12月13日現在）。認知心理学の特定のトピックを選ぶ場合にはプルダウンメニューから "Subjects" を選び、キーワードを入力するとよい。キーワードは『Thesaurus of Psychological Index Terms』を参考にするとよい。「Memory」と入力すると700件がヒットする。NCID:AA00121871 / ISSN:00100285
【所在= バック/長 C 995-2005+ 28-50,51(1-2)】

■Ⅱ. 情報集め（文献調査）

《A. 愛知淑徳大学図書館の資料を探す》

●愛知淑徳大学図書館OPAC.
<http://cat.lib.aasa.ac.jp/limedio/index-j.html>

1. 図書館ホームページを開き、オレンジ色のボタン「蔵書検索 OPAC オパック」をクリックする。
2. トップページ（LIMEDIOと書いてあるページ）の「図書館資料検索(UTF8版)」をクリックする。「図書館資料検索(UTF8版)」は Windows2000、XP、MacOS10.2.6以降で使用可。これら以前の環境は「図書館資料検索(JIS版)」をえらぶ。
※日本語の資料のみを検索する場合はJIS版で問題ないが、多言語の場合はUTF8版を使うべきである。
3. 簡易検索画面が表示されるので、「詳細検索へ」をクリックし詳細検索画面を表示させる。
4. 「件名」の欄に「認知心理学」と入力すると2件、「Cognitive psychology」では44件、キーワードの欄に「認知心理学」と入れると80件、「Cognitive psychology」では156件ヒットする。（2005年11月29日現在）

※このほか認知心理学に関連するキーワードを探すためには『Thesaurus of psychological index terms』や『Library of Congress Subject Headings (LCSH；米国議会図書館件名標目表)』<http://authorities.loc.gov/>が便利。関連するキーワードとして、「Cognitive processes」「Cognitive science」「Connectionism」「Cognition」などがある。

B. レファレンス資料を利用して探す（索引・書誌、CD-ROMなど）

●MAGAZINEPLUS． 愛知淑徳大学内LANに接続されたパソコンで利用可
<http://www2.aasa.ac.jp/org/lib/j/netresource_j/netresource_j.html>

キーワードの欄に「認知心理学」と入力すると288件、キーワードの欄に「認知」、雑誌名の欄に「心理学研究」と入力すると170件ヒットする。

●PsycInfo． 愛知淑徳大学内LANに接続されたパソコンで利用可
<http://www2.aasa.ac.jp/org/lib/j/netresource_j/netresource_j.html>

心理学関係の雑誌記事や文献を探す際に有効な索引データベース。検索画面のプルダウンメニューから"Subject"を選び「Cognitive psychology」と入力すると、2,899件の文献がヒットする。使用するキーワードは『Thesaurus of Psychological Index Terms』を参考にするとよい。

●InfoTrac． 愛知淑徳大学内LANに接続されたパソコンで利用可
<http://www2.aasa.ac.jp/org/lib/j/netresource_j/netresource_j.html>

電子ジャーナルのデータベース。フルテキストも含まれる。"Advanced Search"画面を開き、検索のプルダウンメニューから"Subject"を選び「Cognitive psychology」と入力すると、94件ヒットする。検索結果からこれはと思われる論文が見つかったら、その文献のタイトルをクリックすると、その文献の書誌情報またはフルテキストが表示される。書誌情報（またはフルテキスト）は画面下にある"View other articles linked to these subjects"以下に記載のある件名にリンク（"View"のボタン）された同一主題を扱った論文も参照するとよい。

《C. ほかの図書館の資料を探す》

●NDL-OPAC：国立国会図書館蔵書検索・申込システム.
<http://opac.ndl.go.jp/>

「書誌 拡張検索」画面を選び、「件名」の欄の「細分」ボタンをクリックして「普通件名」の欄に「認知心理学」と入力すると14件ヒットする。

《D. 出版情報等》

●Amazon.co.jp.
<http://www.amazon.co.jp/>

画面左上あたりの「サーチ」入力画面で、「和書」をプルダウンから選び、「認知心理学」と入力すると1,061件ヒットする（2005年12月5日現在）。結果は同じ分野で売れている順に表示される。検索結果には認知心理学の特定の分野のものも多く含まれる。これはと思われるものがあった場合には、当館OPACで所蔵を確かめるとよい。

■Ⅲ．その他の有用なサイトやリンク

●Psycho Web.
<http://www.psychwww.com/>

心理学関連のウェブ情報資源を提供しているサイトで、学術情報のリンク集がある。トップページの入力画面で「Cognitive psychology」と入力すると、143のウェブ情報資源がヒットする（2005年12月13日現在）。サイト内で提供されているリンク集『Schoolarly Psychology Resrouces on the Web』も参考になる。

●Cognitive psychology.
<http://bubl.ac.uk/link/c/cognitivepsychology.htm>

有用なウェブ情報資源のリストを主題ごとに提供している『BUBL LINK』<http://bubl.ac.uk/>の中にある。
「Subject menu（主題メニュー）」には大きく「Psychology（心理学）」の項目があり、そこをクリックすると心理学に関連する主題のリストへと飛べるようになっている。「Cognitive psychology」は「Index」からもリンクがはってある。リストの一つ一つについてどのような情報資源なのか丁寧な説明がある。『BUBL LINK』はグラスゴーにあるStrathclyde University Libraryが管理・提供している。

(作成年月日：2005/12/14 ； 2006/1/15 一部修正)

《利用上の注意》
　パスファインダー（pathfinder）とは、初学者が最短でトピックについて調べものをするための「道しるべ」です。この『認知心理学パスファインダー』は、愛知淑徳大学における学生の専門分野やレベル、

図書館へのニーズ等の事情を把握し、学生が迷わず使えるベストチョイスをわかりやすく示したものです。ここに記載した情報資源は、当館で利用可能かつ有用なものからセレクトしました。そのため他の図書館にとってはベストチョイスと言えない場合があります。しかし当館のパスファインダーが参考になればとの思いから、一部内容を変更したうえで「調べ方マニュアル」に登録しました。

利用者にとって使いやすいパスファインダーは、その図書館専用（オーダーメイド）のパスファインダーであると考えております。なお『認知心理学パスファインダー』を利用して新たなパスファインダー等を作成した場合は、必ず出典を明記してください。

当館が目指すパスファインダーの形は拙著『パスファインダー・LCSH・メタデータの理解と実践（ISBN: 4877382186）』<http: //www2.aasa.ac.jp/org/lib/j/issues_j/plam/plam_j.html>にまとめました。どうぞご覧ください。

NDC	普通心理学．心理各論　（141：9版）		
キーワード	認知心理学, 認知（心理学）, Cognitive psychology, Cognition		
備　　考	http://www2.aasa.ac.jp/org/lib/j/netresource_j/pf/pf_psy-cog_j.html		
調べ方作成日	2005年12月14日	完成／未完成	未完成
登録番号	2000000675	登録日時	2005年12月20日　10時06分
最終更新日時	2007年01月15日　09時17分	管理番号	愛淑図pf_psy-cog_j
公開レベル	一般公開		

データ提供館情報

[基本情報]

館種：　大学（私立大学）

職員数（専任計, 非常勤・臨時）：　(7, 1)［2007年3月9日現在］

事業への参加時期：　2003年12月から

公開データ数：　（レファレンス事例0, 調べ方マニュアル2, 特別コレクション0）

[調べ方マニュアル作成について]

作成開始時期：　OCLCのCORC（Cooperative Online Resource Catalog, Connexionの旧称）プロジェクトに、大学院文学研究科図書館情報学専攻とメタデータについて共同研究をするために、2000年1月から参加、2000年7月にConnexion本格運用開始した後、2002年4月から図書館でパスファインダーを作成しはじめた。

目的：　利用者がどのように情報や資料を収集したらよいか、図書館員に聞かなくてもまず自分で一定のプロセスを踏みながら作業ができるようにするために作成している。

対象：　学生向け、とくに初めてその分野の調査や研究をする利用者（初学者）のため。

作成のタイミング：　必要に応じて随時。以前作成したパスファインダーの改訂も随時行う。

担当： インターネット情報資源担当3名が中心だが、兼務がありフルタイムではない。その他業務担当者も作成することがある。

[このデータについてひとこと]
心理学を学ぶ学生のために作成した。
他のパスファインダーと同じように当館の作成手順を踏んで作成した。

[関連するコンテンツ]
パスファインダー
　（愛知淑徳大学図書館ホームページ＞基本資料リストパスファインダー）
　　http://www2.aasa.ac.jp/org/lib/
　　　＞愛知淑徳大学図書館パスファインダー：認知心理学（Cognitive psychology）
　　　　http://www2.aasa.ac.jp/org/lib/j/netresource_j/pf/pf_psy-cog_j.html

◆参考情報
【参考文献】
愛知淑徳大学図書館インターネット情報資源担当 編，鹿島みづき，山口純代，小嶋智美 著．パスファインダー・LCSH・メタデータの理解と実践：図書館員のための主題検索ツール作成ガイド．長久手町(愛知県)，愛知淑徳大学図書館，2005，175p．

(16) 近畿大学中央図書館　テーマ：「レファレンスツール」の調べ方
　　（http://crd.ndl.go.jp/GENERAL/servlet/detail.manual?id=2000001291）

大学図書館で、新入生、司書課程の学生、新人スタッフを対象として作った調べ方マニュアルの例です。「調べものをするためのレファレンスツールとして、どのようなものがあるかを調べる」として、「文献」「ウェブサイト」の順に紹介しています。リスト形式のものです。

調べ方

調べものをするためのレファレンスツールとして、どのようなものがあるかを調べる。

【文献】

『日本の参考図書』　日本の参考書図書編集委員会編　日本の参考図書編集委員会　1962
所蔵なし
http://webcat.nii.ac.jp/cgi-bin/shsproc?id=BA46918596　(2006/10/27確認)

『日本の参考図書』　国際文化会館編　改訂版　日本図書館協会　1965
本館書庫　参考図書　028-N77

『日本の参考図書』　日本図書館協会編　補遺版　日本図書館協会　1972
本館書庫　参考図書　028-N77

『日本の参考図書：解説総覧』　日本図書館協会日本の参考図書編集委員会編集　日本図書館協会　1980
本館書庫　参考図書　028-N77

『最近の参考図書　1981-1982』　日本図書館協会日本の参考図書編集委員会編　日本図書館協会　1985
本館書庫　参考図書　028-Sa21-1981/'82

『参考図書研究ガイド』　全国学校図書館協議会参考図書研究ガイド編集委員会編　3訂版　全国学校図書館協議会　1992
開架　参考図書　028-Sa65
サンプル・ページと説明が掲載されており、外国文献の紹介もあります。

『情報と文献の探索』　長澤雅男著　第3版　丸善　1994
開架　015.2-N22
外国文献の情報もあり、CD-ROM、オンラインデータベースの情報も記載されています。

『情報探索ガイドブック：情報と文献の森の道案内』　情報探索ガイドブック編集委員会編　勁草書房　1995
参考文献等: 各章末
『情報の科学と技術』に1992年1月から25回にわたって連載された「情報の探し方」に基づく
開架　014.9-J66

『調査のためのインターネット』　アリアドネ著　筑摩書房　1996　（ちくま新書　084）
開架　ちくま新書-084
本書は、下記のサイトとリンクしています。
http://ariadne.jp/　（2006/10/13確認）

『思考のためのインターネット：厳選サイト八〇〇』　アリアドネ編　筑摩書房　1999　（ちくま新書　213）
開架　ちくま新書-213
本書は、下記のサイトとリンクしています。
http://ariadne.jp/　（2006/10/13確認）

『日本の参考図書』　日本図書館協会日本の参考図書編集委員会編集　第4版　日本図書館協会　2002
開架　参考図書　028-N77

『調査研究・参考図書目録』　本編;索引編　図書館流通センター企画編集室編集　改訂新版　図書館流通センター　2002
1987-2002.6収録
開架　参考図書　028-C54-本編
開架　参考図書　028-C54-索引

『辞書の図書館：所蔵 9,811冊』　清久尚美編　駿河台出版社　2002
開架　参考図書　028-J54

『情報源としてのレファレンスブックス』　長澤雅男, 石黒祐子著　新版　日本図書館協会　2004
開架　015.2-N22

『インターネットで文献探索』　実践女子大学図書館編；伊藤民雄著　2004年版　日本図書館協会　2004
開架　007.58-I89-2004
本書は、下記のサイトとリンクしています。
http://www.jissen.ac.jp/library/frame/　（2006/10/13確認）

『図書館に訊け!』　井上真琴著　筑摩書房　2004　（ちくま新書　486）
開架　ちくま新書-486

『邦語文献を対象とする参考調査便覧』　片山喜八郎, 太田映子共編　書誌研究の会　2004
付属資料: CD-ROM（1枚；12cm）補遺版(編集終了から刊行までの時間差を埋めるために付属)
付: 追補分類項目・主題キー
開架　参考図書　028-H81-2004

『使えるレファ本150選』　日垣隆著　筑摩書房　2006.1　(ちくま新書　575)
開架　ちくま新書-575

『文献調査法：調査・レポート・論文作成必携：情報リテラシー読本』　毛利和弘著　第2版　日本図書館協会(発売)　2006.7
主要参考図書一覧: p.163-188
CD-ROM版参考図書一覧(書誌除く): p.189-192
インターネットで利用できる文献調査(書誌除く): p.193-195
開架　015.2-Mo45

『年刊参考図書解説目録』　日外アソシエーツ編集部編　日外アソシエーツ
本館書庫、開架　参考図書　028-N64

『日本の参考図書　四季版』　日本の参考図書編集委員会　日本図書館協会　(季刊)
雑誌　S02-N2

【ウェブサイト】

参考図書紹介　(国立国会図書館)
http://refsys.ndl.go.jp/biblio.nsf/biblioPublicFrame?OpenFrameset　(2006/10/13確認)
「新着参考図書一覧」
　「参考図書累積データ」の中から、最近のデータを掲載週別にまとめたもの。　この2000年4月以降のデータを元に『日本の参考図書　四季版』No.137(2000.4-6)～が作成されている。
「参考図書累積データ」
　『日本の参考図書　四季版』No.117～No.136（1995.4-6～2000.1-3）を元に、その後受け入れた参考図書を追加。

図書雑誌・探索ページ　(実践女子大学図書館)
http://www.jissen.ac.jp/library/frame/　(2006/10/13確認)

データベース集成
http://www.ne.jp/asahi/coffee/house/DB/　(2006/10/13確認)

ＡＲＩＡＤＮＥ
http://ariadne.jp/　(2006/10/13確認)

N D C	図書館奉仕．図書館活動　（015：9版）		
キーワード	レファレンスツール，レファレンス資料，レファレンスブック，参考図書， reference tool, reference material, reference book		
調べ方作成日	2006年10月13日	完成／未完成	完成
登 録 番 号	2000001291	登 録 日 時	2006年10月13日　13時46分
最終更新日時	2006年12月22日　10時49分	管 理 番 号	KUCL0008
公 開 レ ベ ル	一般公開		

データ提供館情報

[基本情報]

館種： 大学（私立大学）

職員数（専任計，非常勤・臨時）：（16, 11）

事業への参加時期： 2004年12月から

公開データ数：（レファレンス事例853, 調べ方マニュアル15, 特別コレクション2）

[調べ方マニュアル作成について]

作成開始時期： 2006年9月16日から

目的： 下記の4点を目的としている。
1．利用者のセルフレファレンス
2．スタッフマニュアル
3．スタッフ研修用教材
4．研究者支援（教員から特にウェブサイトやデータベースについて、知らなかったという声がよく聞かれる。）

対象： 下記を対象としている。
1．学部生向け
2．大学院生向け
3．教員(研究者)向け
4．一般利用者向け
5．スタッフ向け

作成のタイミング： 不定期。今後も作成すべきテーマがあるごとに、継続して行きたい。

担当： レファレンス担当スタッフ２０名のうち、現在は４名。(スタッフ全員に参加を呼びかけている。)

[このデータについてひとこと]

　　レファレンス事例や過去の経験から役立ちそうなテーマを選択して調べ方マニュアルデータを作成している。

　　このデータは、主として新入生、司書課程の学生および新人スタッフを対象とするマニュアルである。

⒄　嘉悦大学情報メディアセンター　テーマ：大学生活
　　（http://crd.ndl.go.jp/GENERAL/servlet/detail.manual?id=2000001268）

> 「大学生活」を送る上で役に立つ資料の紹介、文献の探し方、インターネットを利用した文献の探し方などを対象として取り上げたものです。新入生向けのものです。目配りが行き届いているよい例です。
>
> 図書館の立場から、「文献の探し方」、「論文・レポートの書き方」からはじまりますが、「発表しよう！」「ディベートとは？」「ミーティング方法」「情報の価値判断能力をつけよう！」「著作権を勉強しよう！」「大学生活に悩んだら…」「留学生はこれを読もう！」「図書館の使い方ほか」と続いています。

■ 調　べ　方

大学生活を送る上で役に立つ資料の紹介

文献の探し方

インターネットを利用した文献の探し方のほかに、冊子体の書誌や目録を使用した探し方があります。

- 『文科系学生のインターネット検索術』　大串夏身著　青弓社, 2001（3階007.58 ON）
図書を探す、雑誌を調べる、学位論文を探すなど目的別になっていて使いやすい
- 『インターネットで文献探索2003年版』伊藤民雄著　日本図書館協会, 2003（3階007.58 IT）
この本の中で紹介されたWebページは、（URL・・・http://www.jissen.ac.jp/library/frame/index.htm）
実践女子大学図書館の図書・雑誌探索ページにリンクがあります。
　　世界各国（アジア、アメリカ、南米、ヨーロッパ、アフリカ、中東まで！）の図書・雑誌の検索サイトを紹介。圧巻！
- 『文献探索法の基礎2002』　毛利和弘著　アジア書房, 2002（3階015.2 MK）
- 『文科系学生のための文献調査ガイド』　池田祥子著　青弓社, 1995（1階指定書架015 IS）
　冊子体目録中心だが、基本的な説明でわかりやすい。
- 『情報リテラシー入門』慶應義塾大学日吉メディアセンター編　慶應大学出版会, 2002（3階007.58 K）

論文・レポートの書き方

発想の仕方、文章の書き方、参考文献表の作り方などが、レポートを書く流れとともに説明されています。
1冊は読もう！

- 『レポート・論文の書き方入門（第3版）』河野哲也著　慶應義塾大学出版会, 2002（3階816.5 KT）
- 『卒論・ゼミ論の書き方（第2版）』早稲田大学出版部編　早稲田大学出版部, 2002（3階816.5 W）
- 『大学生のためのレポート・論文術』小笠原喜康著　講談社, 2002（3階816.5 OH）
- 『大学生のためのレポート・論文術：インターネット完全活用編』小笠原喜康著　講談社現代新書, 2003（3階816.5 OH）
- 『大学生と大学院生のためのレポート・論文の書き方（第2版）』吉田健正著　ナカニシヤ出版, 2004（3階816.5 YK）
- 『レポート作成法：インターネット時代の情報の探し方』井出翕, 藤田節子著　日外アソシエーツ, 2003（3階816.5IS）
- 『論文の教室：レポートから卒論まで』戸田山和久著　NHKBOOKS, 2002（3階816.5 TK）
- 『学術論文の技法（新訂版）』斉藤孝, 西岡達裕著　日本エディタースクール出版部, 2005（3階816.5 ST）
- 『レポートの組み立て方』木下是雄著　筑摩書房, 1994（3階816.5 KK）
- 『卒業論文の手引（新版）』慶應義塾大学通信教育部編　慶應義塾大学出版会, 2003（3階816.5 K）
- 『大学・短大課題レポート作成の基本：発想から提出まで』斉藤喜門著　蒼丘書林, 1986（3階816.5 SY）

発表しよう！

レポートが書けたら、その内容をうまく説明しましょう。

- 『研究発表の方法』産能短期大学, 1996（3階816.5 SY）
  レポート作成から口頭発表までをわかりやすく説明。
  段階ごとに書き込み式のワークシートやチェックリストがついていて、これを埋めているうちのレポートが書けそう！？
- 『30時間でマスタープレゼンテーション＋PowerPoint2000』実教出版, 2002（3階007.63 P）
  ビジネス用だが、発表への準備、PowerPointの使い方、発表のテクニック、評価までわかりやすく説明。
- 『「分かりやすい」説明の技術』藤沢晃治著　講談社ブルーバックス, 2002（3階809.4 FK）

※この他にも、『知へのステップ』（2階377.15 G）『大学入門』（2階377.15 KS）
　などにもプレゼン方法についての説明があります。PowerPoint関連の図書は3階007.63 Pにあります。

ディベートとは？

- 『実践！アカデミックディベート』ナカニシヤ出版，2002（3階809.6 AK）
- 『日本語ディベートの技法』松本茂著　七寶出版，2001（3階809.6 MS）
- 『ザ・ディベート』茂木秀昭著　ちくま新書，2001（3階809.6 MH）
- ビデオ：『教室ディベート入門』1～5巻日本放送教育協会企画・制作

ミーティング方法

サークルや授業などの話し合いの場で活躍します。

- 『ミーティング・マネジメント』八幡紕芦史著　生産性出版，1998（3階809.6 YH）
- 『会議の技法』吉田新一郎著　中公新書，2000（3階809.6 YS）
- 『会議革命』齋藤孝　PHP研究所，2002（3階809.6 ST）

情報の価値判断能力をつけよう！

図書、新聞・雑誌、テレビなどのメディアに流れている情報は選別されたものです。
どのように情報が作られているかというのを説明した図書があります。

- 『情報の「目利き」になる！』日垣隆著　ちくま新書，2002（2階361.453 HT）
- 『メディア・リテラシー』菅谷明子著　岩波新書，2000（2階361.453 HT）
- 『社会調査のウソ：リサーチリテラシーのすすめ』谷岡一郎著　文春新書，2000（2階361.9 TI）

著作権を勉強しよう！

- 『著作権の考え方』岡本薫著　岩波新書,2003（2階新書架021.2OK）
- 『インターネット時代の著作権』半田正夫著　丸善ライブラリー，2001（3階021.2 HM）

※この他に著作権情報センター等が発行している小冊子・ビデオがあります。ご覧になりたい方は図書館カウンターまで。
- 『めざそう！著作権なんでも博士』
- 『インターネット時代のまんが著作権教室』
- 『ドクタースランプ：コミックでわかる著作権』
- 『マルチメディアと著作権』半田正夫著
- 『生徒のための著作権教室』作花文雄著　ｓａｒａｈ発行
- ビデオ：『悟空の著作権入門』

大学生活に悩んだら…

長いようで短い大学生活です。ノートの取り方などの勉強方法から、どのように過ごすかのアドバイスまでいろいろあります。
これから大学生活を始める人、大学生活に迷いを感じたときに読んでみましょう。

- 『大学基礎講座』藤田哲也編著　北大路書房，2002（2階377.15 FT）
- 『大学生のヤリ方』山下威士編　尚学社，1997（2階377.9 YT）
- 『大学生の学習テクニック』森靖雄著　大月書店，1995（2階377.15 MY）
- 『大学活用法』　岩波書店編集部編　岩波ジュニア新書，2000（2階377 I）
- 『大学時代しなければならない50のこと』中谷彰宏著　ダイヤモンド社，1996（123室指定図書架 377.9 NA）
- 『大学で何を学ぶか』浅羽通明著　幻冬舎，1996（2階 377.9 AM）
- 『ビジネスマンのための図解勉強の技術』二木紘三著　日本実業出版社，1999（2階379 FK）

留学生はこれを読もう！

- 『大学生と留学生のための論文ワークブック』浜田麻里ほか著　くろしお出版，1997（3階816.5 HM）
- 『留学生のための大学の授業へのパスポート』ピロッタ丸山淳著　凡人社，1996（2階377.15 PJ）
- 『留学生のための論理的な文章の書き方』二通信子ほか著　スリーエーネットワーク，2000（3階816.5 NN）
- 『大学・大学院留学生の日本語』1読解編、2作文編、3論文読解編、4論文作成編アルク，2001-2002（3階810 A）

図書館の使い方ほか

- 『新訂図書館活用術：探す・調べる・知る・学ぶ』　藤田節子著　日外アソシエーツ，2002（3階 015 FS）
- 『まちの図書館でしらべる』柏書房，2002（3階 015 M）
- 『図書館へ行こう』田中共子著　岩波ジュニア新書，2003（3階 015 TK）
- 『東京ブックマップ』書籍情報社，2001（3階024.136 T）
- 『インターネットブックマップ』すばる社，2001（3階024 I）

ビデオで図書館の達人になろう！1本25分程度なので、授業の空き時間に見てみましょう。
ドラマ形式になっていてなかなかおすすめです。

『新・図書館の達人シリーズ』
・情報基地への招待
・文献探索法の研究
・情報検索入門
・情報整理法の第一歩
・情報表現法の基本
・レポート・論文作成法

2006年版（最終更新日：2006.10.06）

N D C	大学．高等・専門教育．学術行政　（377：9版）		
キーワード	大学，大学生活，高等教育，文献調査，レポート ディベート，図書館，パスファインダー，嘉悦		
備　考	このパスファインダーはWeb版を利用し作成したものである。 http://www.kaetsu.ac.jp/~toshokan/guide/guidebdaigakuseikatsu.html		
調べ方作成日	2006年10月06日	完成／未完成	完成
登録番号	2000001268	登録日時	2006年10月06日 19時01分
最終更新日時	2006年10月13日 15時25分	管理番号	kaetsu-pf-0007
公開レベル	一般公開		

データ提供館情報

[基本情報]

館種： 大学（私立大学）

職員数（専任計, 非常勤・臨時）：（3, 3）

事業への参加時期： 2004年12月から

公開データ数：（レファレンス事例5, 調べ方マニュアル9, 特別コレクション0）

[調べ方マニュアル作成について]

作成開始時期： 1997年に、図書の探し方、雑誌・新聞記事の探し方、参考図書の使い方などの作成を開始。1998年からは、企業情報の探し方など、主題別のマニュアルの作成を開始。

目的： もともとは利用者（学生）への図書館講習会の資料として作成。現在は、利用者へのセルフレファレンス用も作成している。

対象： 在学生向けと教職員向け。

作成のタイミング： 不定期。必要と思われる際に作成。

担当： 特に担当はいないが、アルバイトスタッフも含め4名程度が作成に携わっている。

[このデータについてひとこと]

　もともとは、冊子体の図書館ガイドブックの巻末に参考資料として、図書館の使い方だけではなく、大学生活も含め役立つ資料紹介として掲載していた。それを、冊子体がなくても確認できるように、また更新をしやすいように、内容を拡充してWeb版調べ方マニュアルとして独立させた。

　作成にあたっては、紹介する項目や資料の量が多くも少なくもないように、配慮した。常に新しい資料が出版されるので、更新に苦労している。このマニュアルを活用してもらえるよう、紹介した資料を特設コーナーに設置したり、メールマガジンで宣伝したりした。

[関連するコンテンツ]

調べ方ガイド
（嘉悦情報メディアセンターホームページ＞調べ方ガイド）
http://www.kaetsu.ac.jp/~toshokan/guide/
＞～図書館ガイドブック・番外編シリーズ(8)～　レポート・大学生活に役に立つ資料紹介
　　http://www.kaetsu.ac.jp/~toshokan/guide/guidebdaigakuseikatsu.html

2.2 在学生や教職員を対象に

(18) 文化女子大学図書館　テーマ：下着に関する資料の調べ方
　　（http://crd.ndl.go.jp/GENERAL/servlet/detail.manual?id=2000001670）

　　大学図書館として学科の教育内容との関連で、他の大学図書館でも参考になる事例です。対象は、学生向きと考えていいでしょう。
　　構成は、まず、「『下着』と一口に言っても『下着の歴史』か『下着の作り方』か『下着の商品知識』か等よりアプローチが違ってくる。西洋だけでよいか、日本や東洋も必要か、時代や、女性、男性、子供の区分など、調べたい事柄を整理しておくと調べやすい。」と、調べはじめるにあたっての視点を示しています。相談窓口では、漠然とテーマをあげて聞いてくる利用者は多い、そこでそのテーマに対するいくつかの視点を示して、利用者が求めるものを明確にするインタビューの技術が求められます。
　　ここでは、次に、「1）OPACや各種データベースを検索する際に利用するキーワードの例を下の欄に示しました。キーワードを組み合わせたり、日本語以外のキーワードを使って検索するとより効果的です。」「2）言葉の意味やテーマの意味が不明確の場合は「キーワード」を手がかりに百科事典、用語事典を引いてみましょう。」「3）関連分野の分類番号」と案内して、「4）国内で刊行されている図書(雑誌）を探す」

> 「5）雑誌記事の探し方」等とすすめています。
> 　「4）」以下の案内の仕方は、テーマによって違ってきますが、他の図書館にも参考にしてもらえるものでしょう。

調べ方

「下着」と一口に言っても「下着の歴史」か「下着の作り方」か「下着の商品知識」か等よりアプローチが違ってくる。西洋だけでよいか、日本や東洋も必要か、時代や、女性、男性、子供の区分など、調べたい事柄を整理しておくと調べやすい。

1）OPACや各種データベースを検索する際に利用するキーワードの例を下の欄に示しました。キーワードを組み合わせたり、日本語以外のキーワードを使って検索するとより効果的です。
例）下着/アンダーウエアー/ランジェリー/コルセット/クリノリン/パニエ/肌着/スリップ/ビスチェ/ガードル/ブラジャー/インナー（ウェアー)/ふんどし/ワコール/ トリンプ/シャルレ/グンゼ/foundation/underwear/lingerie/corset/corsets/crinoline/panier/underclothes/... など

2）言葉の意味やテーマの意味が不明確の場合は「キーワード」を手がかりに百科事典、用語事典を引いてみましょう。
　　例）『服装大百科事典』『絵による服飾百科事典』『エスカイア版20世紀メンズ・ファッション百科事典』
　　　『現代用語の基礎知識』など。

3）関連分野の分類番号
335.48「社史」　383.1「服装史全般・民族服」　383.11「日本服装史」　383.12「東洋服装史」　383.13「西洋服装史」　589.221「身廻品（下着類）」593.08「ファッション・衣服・裁縫（シリーズ）」　593.1「和服・和裁」　593.2「中国服」　593.3「洋服・洋裁」　593.35「子供服」　593.36「婦人服」593.39「下着」　673.37「小売業」

4）国内で刊行されている図書(雑誌）を探す
①NDL-OPAC　　　http://opac.ndl.go.jp/　国立国会図書館の蔵書目録。国内で刊行されている図書や雑誌が検索できる。
②Webcat Plus　　http://webcatplus.nii.ac.jp/　明治以前の図書から新刊書までの日本語の図書が「連想検索」できる。所蔵している図書館も表示される。一致検索では、図書と雑誌が検索できる。所蔵している図書館も表示される。
③本をさがす（日本書籍総目録）　　http://www.books.or.jp/　国内で発行された入手可能な書籍が検索できる。出版者のホームページやオンライン書店へのリンクもある。
④雑誌新聞総かたろぐ　年刊（冊子）　メディア・リサーチ・センター　現在刊行されている雑誌、新聞が調べられる。

5) 雑誌記事の探し方
①国立国会図書館雑誌記事索引（NDL-OPAC）　　http://opac.ndl.go.jp/　国内で刊行された学術雑誌・紀要を中心に人文科学・社会科学・自然科学の記事情報が検索可能。
②国立民族学博物館　服装・身装文化（コスチューム）データベース　　http://www.minpaku.ac.jp/database/　服装関連雑誌記事索引。中でも「服装関連日本語雑誌記事　―　カレント―」は1967年以降に発行された記事は網羅的に、それ以前については選択的に採録した索引情報。
③CiNii(サイニイ)NII論文情報ナビゲータ（学内接続）　http://ci.nii.ac.jp/cinii/servlet/CiNiiTop#
学術雑誌と大学等で発行された研究紀要の両方を検索し、検索された論文の引用文献情報や、記事によっては本文を参照したりすることが可能。
④MAGAZINEPLUS　（学内接続－図書館HP「外部DB」よりログイン）　国内最大の雑誌・論文記事のデータベース。一般週刊誌から学術雑誌まで幅広く採録されている。
⑤聞蔵：DNA for Libraries（図書館内で利用可）　「AERA」「週刊朝日」の記事検索。

6) 新聞・新聞記事を探す
原紙/縮刷版/CD-ROM/有償データベース
①WWD for Japan　1979＋　ウーマンズ・ウェア・デイリー・ジャパン
②繊研新聞　原紙（2ヶ月保存）　繊研新聞社
　繊研新聞　縮刷版（1980-2002年まで所蔵）　繊研新聞社
　繊研新聞　CD-ROM（2002年4月から所蔵）　繊研新聞社
③朝日新聞　（2ヶ月保存）　朝日新聞社
　朝日新聞　縮刷版（1953年から所蔵）
　　聞蔵：DNA for Libraries（図書館内で利用可）　1984年8月以降の記事が収録（本文・見出しからの検索が可能）。

7) 関連サイトの紹介
①ワコールホームページ　　http://www.wacoal.co.jp/　女性用下着、インナー、ブライダル等を扱う総合アパレルメーカー
http://www.krp.co.jp/pub/bn_prs/prs_kwk/prs_bn_kwk85.html　＊ミュージアム オブ ビューティ
②グンゼホームページ　　http://www.gunze.co.jp/　肌着、ストッキング、エンジニアリング等の事業や研究所の紹介
http://www.gunze.co.jp/gunzehakubutu/index.html　＊グンゼ博物苑
③京都服飾文化研究財団　　http://www.kci.or.jp/　収蔵品の紹介等

Ｎ　Ｄ　Ｃ	衣住食の習俗　（383：9版）
参　考　資　料	『Dress and undress : a history of women's underwear』　By Elizabeth Ewing / Batsford , 1978 『下着の文化史』青木英夫著　雄山閣出版 , 2000 『紳士服の歴史』　青木英夫；大橋信一郎共著　雄山閣出版 , 1972 『コルセットの文化史』　古賀令子著　青弓社 , 2004 『アントワネットの贈り物：女性の下着のないしょ話』　エリー・木内著　河出書房新社 , 2002 『女の身体（からだ）の愛しいところ（知恵の森文庫；23）』龍多美子［著］　光文社 , 2005（原タイトル『すべてはガーターベルトから始まった』（ベストセラーズ　2000年刊）を加筆・修正、改題したもの） 『ワコール50年史（全4巻）』　ワコール , 1999 『化粧品訪問販売/下着訪問販売/職域販売/移動販売』経林書房 , 1997 『レディスインナー白書（年刊）』　矢野経済研究所（その他の専門資料） 『インナーウェア市場白書（年刊）』矢野経済研究所（その他の専門資料） 『インティメイト業界要覧』　センイ・ジヤァナル　2000（その他の専門資料）
キ ー ワ ー ド	下着, アンダーウエアー, ランジェリー, コルセット, クリノリン, パニエ, 肌着, ファンデーション, スリップ, ビスチェ, ガードル, ブラジャー, インナー（ウェア）, ふんどし, ワコール, トリンプ, シャルレ, グンゼ
備　　　　考	この調べ方マニュアルは、学内利用者を対象に作成したものであり、図書館内限定サービス・語句などがあることをご承知おきください。また、NDCを当館向けに独自分類している箇所があります。
調べ方作成日	20061003	完成／未完成	完成
登　録　番　号	2000001670	登　録　日　時	2006年12月11日　17時23分
最終更新日時	2006年12月22日　12時48分	管　理　番　号	文化女新都心2006-001
公 開 レ ベ ル	一般公開		

データ提供館情報

[基本情報]

館種：　大学（私立大学）

職員数（専任計, 非常勤・臨時）：（15, 15）

事業への参加時期：　2006年7月から

公開データ数：（レファレンス事例0, 調べ方マニュアル1, 特別コレクション0）

[調べ方マニュアル作成について]

作成開始時期：　2006年、レファレンス協同データベース事業に参加するにあたって作成した。

目的： ゆくゆくは当館HPにリンクを貼り利用者のセルフレファレンスに役立つものとしたいと考えて作成している。

対象： 学生、卒業生等の当館利用者

作成のタイミング： 今後の予定として、レファレンス事例、調べ方マニュアルのどちらかを月1件、年間10件を目標としたいと考えている。

担当： レファレンス担当5名（1名専任）のうち、当初2名で担当予定。（担当変更等にそなえ、また自己研修の意味も含め、なるべくなんらかの形で全員が係るようにしたい）

[このデータについてひとこと]

　2005年度末に試験的に2人1組で作成したパスファインダーがベースになっている。今後調べ方マニュアルを作成して行くにあたり、講師のコメントを頂ければと思い、第2回レファレンス協同データベース・システム研修会の事前課題として、パスファインダーとほぼ同じ形で提出した。

　過去の質問からよくあるものを選定し、新入生から卒論程度まで活用できる内容を念頭に作成した。

⒆　東邦大学医学メディアセンター　テーマ：診療ガイドラインの探し方
　　（http://crd.ndl.go.jp/GENERAL/servlet/detail.manual?id=2000000402）

　大学図書館のより専門的な内容の取り組みの例として紹介します。構成は、まず「診療ガイドラインとは」と内容について解説しています。次に情報源の紹介をして、最後にコメントを付しています。

　アンケートによると、データ作成のきっかけは、「診療ガイドラインはそれ自体古くから存在しているが、厚生労働省の主導による『エビデンスに基づいたガイドライン』が作成されるようになって以来、ますます盛んに様々なガイドラインが公表されている。当センターではそれらのガイドライン情報を収集し、ホームページ上で提供している。そのページをそのままレファレンス協同データベースの調べ方マニュアルとして転載することはできないため、案内を出す形で提供している。」とのことです。

　なお、課題については、「公開された診療ガイドラインが増える一方なので、案内しております当センターの「診療ガイドライン」ページそのものの維持管理労力が増すばかりで、このページをどのように維持していくかが課題となっている。」というコメントもいただいています。紹介しておきます。

調べ方

診療ガイドラインとは

　診療ガイドライン（clinical practice guideline）は、予防から診断、治療、リハビリテーションまで「特定の臨床状況のもとで、適切な判断や決断を下せるよう支援する目的で体系的に作成された文書」です。

　ガイドラインはそれ自体古くから存在していますが、現在主流となっているのは、「エビデンスに基づいたガイドライン」です。数十人から数万人単位の患者を対象に、特定の薬を飲んだ人と飲まない人で比較し、薬効を確認するなどの臨床試験（特にランダム化比較試験）の結果などから得られるエビデンスを吟味・評価し、その結果に基づいてどんな治療をすべきか、すべきでないかなどを推奨します。このガイドラインの作成方法は、過去のガイドラインの多くが著名な専門家の意見交換や経験によって作成されていたのに比べ、信頼性が高いと言われています。また、専門医、一般医向けに加え、患者向けのガイドラインも作成する学会が出てきていることが、大きな特徴です。

○　Minds医療情報サービス

http://minds.jcqhc.or.jp/　（確認　2006.12.7）

Mindsとは、日本医療機能評価機構が実施する医療情報サービスで、「クモ膜下出血」「喘息」「糖尿病」「脳梗塞」「肺癌」「急性心筋梗塞」「胃潰瘍」「脳出血」「急性膵炎」「白内障」等28のガイドライン全文を公開しています。
また、一般向け情報に、「クモ膜下出血」と「喘息」「急性心筋梗塞」「胃潰瘍」「白内障」「前立腺肥大症」「尿失禁」「脳梗塞」「鼻アレルギー」のガイドラインが公開されています。

○医学中央雑誌刊行会の「診療ガイドライン」ページ

http://www.jamas.or.jp/　（確認　2006.12.7）

上記URLにアクセスしたら、サイドバーから「診療ガイドライン」をクリックします。
ここでは1999年以降「医中誌Web」に収録された日本の医学雑誌から「診療ガイドライン」を疾患別に分類し、書誌事項を掲載しています。「医中誌Web」を契約していなくとも利用可能です。

＊なお、「医中誌Web」（要契約）では、1999年以降の該当文献について、「診療ガイドライン」のタグを付与しています。検索の際には"検索対象の限定"または"絞り込み検索"を用いて、研究デザインの「診療ガイドライン」を指定します。

○ 当センターの診療ガイドラインリンク集

「診療ガイドライン」

http://www.mnc.toho-u.ac.jp/mmc/guideline/ （確認 2006.12.7）

　現在世界各国のさまざまな機関から診療ガイドラインが公表されていますが、ここでは主に学会などの機関で作成され公表された日本の診療ガイドライン約400を、当センターが独自に情報収集しリストにしました。

　インターネットで公開されているガイドラインにはリンクをはっています。雑誌に公開されたもの、単行書として公開されたものはそれぞれ書誌事項を記入しています。

　ただし、全ての診療ガイドラインを網羅しているわけではありません。また、医療倫理や動物実験の指針など、診療ガイドライン以外の指針も含んでいます。

N D C	臨床医学．診断・治療　（492：9版）		
キーワード	診療ガイドライン		
調べ方作成日	2005年08月30日	完成／未完成	完成
登 録 番 号	2000000402	登 録 日 時	2005年09月01日　11時58分
最終更新日時	2006年12月07日　16時12分	管 理 番 号	東邦大医－1
公開レベル	一般公開		

データ提供館情報

[基本情報]

館種： 大学（私立大学）

職員数（専任計, 非常勤・臨時）： (19, 5)

事業への参加時期： 2004年12月から

公開データ数：（レファレンス事例3, 調べ方マニュアル5, 特別コレクション0）

[調べ方マニュアル作成について]

作成開始時期： 1991年頃。

目的： 当初は利用者向けの研修会資料として作成したが、利用者のセルフレファレンス用として、またスタッフマニュアルとしても利用できると考えている。

対象： 学生、教職員、スタッフ。

ネット上で公開するようになってからは学外の研究者、図書館員にも使ってもらえるものを目指している。

作成のタイミング： 学生のための講義がある時、新しいサービスが始まる時、サービス内容のバージョンアップのあった時など、不定期。

担当： 調査研究支援部門2名が担当。

[このデータについてひとこと]

　診療ガイドラインはそれ自体古くから存在しているが、厚生労働省の主導による「エビデンスに基づいたガイドライン」が作成されるようになって以来、ますます盛んに様々なガイドラインが公表されている。当センターではそれらのガイドライン情報を収集し、ホームページ上で提供している。そのページをそのままレファレンス協同データベースの調べ方マニュアルとして転載することはできないため、案内を出す形で提供している。

　公開された診療ガイドラインが増える一方なので、案内している当センターの「診療ガイドライン」ページそのものの維持管理労力が増すばかりで、このページをどのように維持していくかが課題となっている。

[関連するコンテンツ]

診療ガイドライン
　（東邦大学医学メディアセンターホームページ＞診療ガイドライン）
　http://www.mnc.toho-u.ac.jp/mmc/guideline/

⒇ 近畿大学中央図書館　テーマ：「現代中国関連資料」の調べ方
（http://crd.ndl.go.jp/GENERAL/servlet/detail.manual?id=2000001372）

　「現代」という新しい時点の調べ方マニュアルの例です。「現代」ですから、時間が経過するにしたがい新しい情報源が出版、登場するということで、データベースに登録した時点、やや古くなるという宿命を負っています。しかし、調べるという点では、大いに参考になるものです。この時点では、ここまで調べることができる。この後、どのような情報源があるか？　ということで調べればいいわけで、その意味で、時間を有効に使えます。これは調べ方マニュアル全般に言えることです。

　紹介する事例は「現代中国問題に詳しい業務委託スタッフ」が作成した例です。インターネットなどの活用は、ほかのテーマでも参考になるでしょう。

調べ方

1. 新聞記事、政府、中国共産党関連資料

①「人民網」http://www.people.com.cn/ (「網」は中国語で「ネット」の意)
- 人民日報社の運営するサイト。「人民日報」は中国共産党の機関紙。 (2006/10/26確認)
- 「人民日報」だけでなく、他紙の記事閲覧も可。「人民日報」は原紙のイメージを閲覧可。
- 記事検索は「人民日報」だけなら1995年から、「人民網」全体なら2000年から可。
  「分類検索」 http://search.people.com.cn/was40/people/GB/index.htm を選択。(2006/10/26確認)
- 「資料中心」(http://www.people.com.cn/GB/29999/index.html)では歴代の中国共産党全国代表大会(党大会)や全国人民代表大会(全人代)、全国人民政治協商会議の関連資料、指導者の名簿や動向を閲覧可。 (2006/10/26確認)
- 「中国共産党新聞」(http://cpc.people.com.cn/)では指導者の名簿や動向、党規約や党史関連資料、「毛沢東選集」「鄧小平文選」等の著作の目次などの閲覧可。 (2006/10/26確認)
- 「強国論壇」(http://bbs.people.com.cn/bbs/start)など有名掲示板へのリンクあり。(2006/10/26確認)
- 日本語、英語、仏語、スペイン語、ロシア語の記事もあり。

②地方新聞(Yahoo! Hong Kong から検索)
  ＊地方の動向は各地方の新聞を参照した方がより詳細に把握できる。
- 「雅虎香港」(http://hk.yahoo.com/)から「報紙」→「各地報紙」→「中國大陸」→「地方報紙」で各地方新聞のHPにリンクがある。 (2006/10/26確認)
- 原紙をPDFイメージで参照できるものもある。
  (「解放日報」(http://www.jfdaily.com.cn)、「浙江日報」(http://zjdaily.zjol.com.cn/)など)。 (2006/10/26確認)

2. 政府白書、法律、司法

(1) 白書(白皮書)
①「人民網」から(http://politics.people.com.cn/GB/shizheng/252/2229/index.html)
  1991年から最新分まで全文を閲覧できる。 (2006/10/26確認)
②「中国網」から(http://www.china.org.cn/ch-book/index.htm)
  全文閲覧できる。 (2006/10/26確認)
(2) 法律、司法
- 「中国政府網」(http://www.gov.cn/flfg/index.htm)
  憲法、法律、条令の全文や裁判所の公告などの全文が閲覧できる。 (2006/10/26確認)

3. 各種統計

①中国研究所編『中国年鑑』(創土社) (開架および本館書庫　参考図書　059.22-C62)
・年毎の政治、経済の概況や基本的な統計、各省の動向など。

②21世紀中国総研編『中国情報ハンドブック』(蒼蒼社) (開架および本館書庫　参考図書　302.22-C62)
・政治、経済の概況と統計など。

②中華人民共和国国家統計局編『中国統計年鑑』(中国統計出版社) (開架および本館書庫　参考図書　352.2-C62)
・中国政府発行の統計。付属資料：CD-ROM

4. その他

①天児慧ほか編『岩波現代中国事典』(岩波書店、1999年) (開架　参考図書　302.22-I95)
・用語や人名など基本的な情報について。

②共同通信社中国報道研究会編著『中国動向』(共同通信社) (開架および本館書庫　302.22-Ky2)
・概況や人名のヨミ、ピンイン表記など。

N D C	政治. 経済. 社会. 文化事情 　（302：9 版）		
参 考 資 料	『ハンドブック現代中国』　愛知大学現代中国学部編　第2版　あるむ　2006.4 （開架　302.22-A23）		
キ ー ワ ー ド	中国, 現代		
調べ方作成日	2006年10月26日	完成／未完成	完成
登 録 番 号	2000001372	登 録 日 時	2006年10月26日　13時22分
最終更新日時	2006年10月26日　13時49分	管 理 番 号	KUCL0013
公 開 レ ベ ル	一般公開		

データ提供館情報

[基本情報]

館種：　大学（私立大学）

職員数（専任計, 非常勤・臨時）：（16, 11）

事業への参加時期：　2004年12月から

公開データ数：（レファレンス事例853, 調べ方マニュアル15, 特別コレクション2）

[調べ方マニュアル作成について]

作成開始時期：　2006年9月16日から

目的： 下記の4点を目的としている。
　　1．利用者のセルフレファレンス
　　2．スタッフマニュアル
　　3．スタッフ研修用教材
　　4．研究者支援（教員から特にウェブサイトやデータベースについて、知らなかったという声がよく聞かれる。）

対象： 下記を対象としている。
　　1．学部生向け
　　2．大学院生向け
　　3．教員(研究者)向け
　　4．一般利用者向け
　　5．スタッフ向け

作成のタイミング： 不定期。今後も作成すべきテーマがあるごとに、継続して行きたい。
担当： レファレンス担当スタッフ20名のうち、現在は4名。(スタッフ全員に参加を呼びかけている。)

[このデータについてひとこと]
　レファレンス事例や過去の経験から役立ちそうなテーマを選択している。このデータは、現代中国問題に詳しい業務委託スタッフが作成した。

2.3 プロジェクト、展示会をきっかけに

(21) 明治学院大学図書館　テーマ：明治学院大学社会学部現代GPプロジェクトの一環：「スワンベーカリー」に関する資料の探し方
（http://crd.ndl.go.jp/GENERAL/servlet/detail.manual?id=2000001550）

　図書館内でのミニ展示会開催をきっかけに作成したものです。対象は、「図書館利用初心者」です。構成は「目次」で分かります。初心者に対する配慮が行き届いているよい例です。
　例えば、最初のキーワードの項目では、「スワンベーカリー」という言葉の説明を行い、また、『スワンベーカリー』という1単語だけでは、十分な情報収集はできません。　☆さまざまなキーワードを洗い出して検索することが資料を網羅的に集めるコツです☆」として、キーワードを紹介しています。
　また、「3.図書を探す」では、「■学内所蔵を探す　（1）テーマの棚（書架）に行って探す」という項目を立てて、「本学図書館の本は、「日本十進分類法（NDC）」

に基づいて分類しています。同じテーマに関する本は、まとまって書架に並んでいます。関連分野の分類番号をおぼえておくと便利です。」として、関連分野の分類番号も紹介しています。これは重要です。分類は1つの場所にすべての関連の図書が並んでいることはまずないので、関連の分類の本棚もブラウジングすることは基本中の基本です。いざとなると、かなり図書館を使い慣れた利用者でも難しいものです。

「8．他の図書館を利用する」「9．本学図書館にない資料を入手する方法」は、すでに図書館の利用案内のパンフレット、リーフレットに書いてあることだろうと思います。が、初心者にとって、このように具体的な事例の中で紹介されると、印象に残るものです。図書館をより多く利用してもらう、良い利用者を育てるという意味からも必要なことだと思います。

調べ方

目次

1．キーワード
2．テーマの下調べ
3．図書を探す
4．雑誌・雑誌記事（論文）を探す
5．新聞・新聞記事を探す
6．AV資料を探す
7．インターネットで調べる
8．他の図書館を利用する
9．本学図書館にない資料を入手する方法

1．キーワード

....

「スワンベーカリー」という1単語だけでは、十分な情報収集はできません。
☆さまざまなキーワードを洗い出して検索することが資料を網羅的に集めるコツです☆

....

「スワンベーカリー」「スワンカフェ」「スワン」swan bakery & cafe ヤマト運輸、小倉昌男、ノーマライゼーション（normalization）
障害者雇用、共生社会、障害者、知的障害者、発達障害者、雇用、障害、共生、自立支援法、身障者、パン屋
【スワンベーカリーとは？】
「障害のある人もない人も、共に働き、共に生きていく社会の実現」このノーマライゼーションの理念を実現させるために故・小倉昌男理事長がヤマト福祉財団、ヤマト運輸株式会社と共に平成10年に設立した

株式会社です。

2.テーマの下調べ

テーマをきちんと理解しておくことが、資料探しにとても役立ちます。百科事典・専門事典などを使って、概念・定義を下調べしておきましょう。またキーワード探しのヒントにもなります。同義語・類義語などもチェックしておき、検索に役立ててください。最近の言葉であれば『イミダス』、『現代用語の基礎知識』なども便利です。最新の言葉であれば新聞で確認します。事典類は、「参考図書コーナー」にあります。（白金5階、横浜1階） また複数の辞書を収録したデータベース「JapanKnowledge」も利用してみましょう。（アクセス：図書館Web→情報検索のページ→辞書・事典・レファレンス から選択）

- ブリタニカ国際大百科事典　　　031：B86
- 平凡社大百科事典　　　　　　　031:H46
- 日本大百科全書　　　　　　　　031：N71
- 知恵蔵　　　　　　　　　　　　031：C53
- 現代用語の基礎知識　　　　　　031：G32
- イミダス　　　　　　　　　　　031：I33

3．図書を探す

■学内所蔵を探す

(1) テーマの棚（書架）に行って探す

本学図書館の本は、「日本十進分類法（NDC）」に基づいて分類しています。
　同じテーマに関する本は、まとまって書架に並んでいます。関連分野の分類番号をおぼえておくと便利です。

　　　＜関連分野の分類番号＞

366　　　労働経済　労働問題
366.2　　労働力、雇用、労働市場
366.28　 身障者・中高年雇用問題
369　　　社会福祉
369.27　 身体障害者福祉
369.28　 精神障害者福祉

(2) MUSEで検索する
　　　（アクセス：図書館Web→MUSE（蔵書検索）から選択）

探している資料が図書館にあるか、あればどこに配架されているかを調べる蔵書検索システム（OPAC）を、本学ではMUSE(ミューズ)と呼びます。
　検索したら、資料の入手に最低限必要な情報、①所蔵館 ②配置場所 ③請求記号 をメモしておきましょう。

1．に掲げたキーワードを用いて、検索します。検索語によって結果が変わります。いろいろな検索をして網羅的に資料を集めます。

【検索結果例】

・検索項目：キーワード：スワンベーカリー　1件ヒット

①『はばたけスワンベーカリー』牧野節子著（汐文社2003.5）白金4F 369.23：M23

・検索項目：著者：小倉昌男　2件ヒット

②『小倉昌男の福祉革命―障害者「月給1万円」からの脱出』 建野友保著（2001.1小学館）白金４F 366.28：O35:T21

③『福祉を変える経営 : 障害者の月給一万円からの脱出』小倉昌男著（日経BP社2003.10）　白金3F障害者雇用コーナー 369.27：O35

■データベース「Book Plus」で調べる

（アクセス: 図書館Web→情報検索のページ→蔵書検索から選択）

日外アソシエーツ提供。昭和以降の図書を目次などからも検索できます。新刊本やベストセラー情報も見られます。OPACリンクがあり、読みたい図書が明治学院にあるかどうかを調べることができます。

【検索結果例】

・検索項目：著者名：小倉昌男　9件ヒット

キーワード：福祉または障害者で絞込み　3件ヒット

（内1件本学所蔵なし↓）

④『「なんでだろう」から仕事は始まる！』 小倉昌男著 （講談社2004.5）

〔注意〕著者名だけだと福祉以外の文献もヒットするため、福祉または障害者を入れて絞り込みます。

4．雑誌・雑誌記事（論文）を探す

■雑誌を探す

（1）　図書館にある雑誌を探す

最近1年分の雑誌は、雑誌コーナーに配架されています。（白金5階、横浜1階）それ以前は、閉架書庫にあります。図書と同じようにMUSEで調べることができます。検索したら、資料の入手に最低限必要な情報、

①所蔵巻号（入手したい巻号はあるかどうか）②所蔵館 ③配架場所（最新の場所、バックナンバーの場所）をメモしておきましょう。

【検索結果例】
- 『作業療法ジャーナル』（医学書院）

①所蔵巻号　23-39, 40(1-7, 9-11)<1989-2006>+
②所蔵館　　白金
③配架場所：最新の場所：白金5F和雑誌、バックナンバーの場所：白金B2下和雑誌

(2) 国内刊行雑誌を探す
- WebcatPlus　全国の大学図書館・研究機関等が所蔵する資料の目録データベース
（アクセス: 図書館Web→情報検索のページ→蔵書検索から選択）
- NDL-OPAC　国立国会図書館蔵書検索システム
（アクセス: 図書館Web→情報検索のページ→蔵書検索から選択）

■雑誌記事を探す
(1) データベースで探す
◇CiNii（サイニイ）

NII提供。学協会発行の学術雑誌、大学発行の研究紀要など、国内の雑誌論文を収録したデータベース。論題・執筆者・テーマなどから、どのような雑誌論文が、どの雑誌の何巻何号に掲載されているかを調べることができます。検索された論文の引用文献情報（どのような論文を引用しているか、また、どのような論文から引用されているか）をたどることもできます。一部の論文は全文を参照できます。

【検索結果例】
- 検索項目：①フリーワード：スワンベーカリー　5件ヒット
②フリーワード：小倉昌男　107件ヒット
フリーワード：福祉または障害者に絞る　24件ヒット
③フリーワード：ヤマト　AND　スワン　0件
〔注意〕検索語によって結果が違います
①天気のいい日は街に出よう(13)町のパン屋さんで過ごすおいしいひととき--スワンベーカリー柏店「月刊ケアマネジメント」17(4) (通号 176),10～12,2006/4(環境新聞社)

◇大宅壮一文庫雑誌記事索引

一般大衆誌専門図書館である大宅壮一文庫提供の索引データベース。週刊誌・総合誌・女性誌などの記事を検索できます。なお、明治時代～1995年の記事については、図書館「参考図書コーナー」の冊子体でも

調べることができます。

【検索結果例】
・検索項目：①フリーワード：スワンベーカリー 7件ヒット
②フリーワード：小倉昌男 AND 福祉 44件ヒット
③フリーワード：小倉昌男 AND 障害者 20件ヒット
④フリーワード：ヤマト AND スワン 8件ヒット

①ビジネス　今回のキーワード「スワンベーカリー」　宅急便の生みの親が遺した、福祉を変える経営の精神　※ヤマト福祉財団の小倉昌男氏が支援した障害者の働くパン屋「ダカーポ」　2005年08月17日

〔注意〕同じ検索語でもデータベースによってヒット件数、内容が違います。

5．最新のニュースは新聞・新聞記事で探す
■図書館の新聞で調べる
　図書館では新聞コーナーおよび閉架書庫に以下の新聞を保管しています。
（白金2F、横浜1階）
・ 朝日新聞
・ 読売新聞
・ 毎日新聞
・ 日経4紙（日本経済新聞、日経産業新聞、日経流通新聞MJ、日経金融新聞）
・ 東京新聞　など

〔注意〕原紙および縮刷版は、どの新聞社のものも東京本社版です。地方版を見るにはデータベースを利用します。

■新聞記事を探す
(1)　データベースで探す
　　　（アクセス：図書館Web→情報検索のページ→新聞・ニュースから選択）

　　　情報の鮮度の順番は、新聞・雑誌・図書です。最新の言葉であれば新聞記事も検索しましょう。

◇朝日新聞　聞蔵IIビジュアル 1945-
◇読売新聞　ヨミダス文書館 1986-
◇毎日新聞　毎日NEWSパック 1987-
◇日経新聞　日経テレコン２１（1975-）

(2) 新聞記事の切抜きを集めた雑誌

福祉関係の新聞記事は、地方版も含めて、切り抜き記事を分類して掲載する雑誌が各種出版されており、本学でも所蔵しています。

【検索結果例】
- クリップ・ライブラリー社会福祉　　　　　　　　　白金5F和雑誌
- 切抜き速報　福祉ニュース　障害福祉編　　　　　　白金5F和雑誌
- 地域福祉情報　　　　　　　　　　　　　　　　　　白金5F和雑誌

6．AV資料を探す

ビデオやDVDなどの視聴覚資料も参考になります。MUSEで検索できます。
詳細検索の形態項目：「映像資料」を選択し、キーワードを入れて検索すると映像資料のみが表示されます。

【検索結果例】
- 検索項目：　キーワード：障害者雇用　2件ヒット

キーワード：ノーマライゼーション　1件ヒット

①ノーマライゼーション；　社会参加と地域支援システム　白金3F障害者雇用コーナー　V369:S46:5

7．インターネットで調べる

Ｗｅｂページの情報は、多くの場合著作権で保護されています。画像やテキストを利用する場合はそのサイトの著作権に関する規約などをよく読んで利用してください。また情報の信頼性、更新頻度もさまざまです。インターネット上の情報だけに頼らず印刷された資料、図書館契約データベースで裏づけをとることが大切です。

■関連サイトの紹介
①「スワンベーカリー」Webサイト（http://www.swanbakery.jp/）
②厚生労働省http://www.mhlw.go.jp/bunya/koyou/shougaisha.html
③障害者自立支援法http://www.mhlw.go.jp/topics/2005/02/tp0214-1.html
　（新旧対照条文あり）
④独立行政法人高齢・障害者雇用支援機構http://www.jeed.or.jp/index.html
⑤社会福祉法人全国社会福祉協議会http://www.shakyo.or.jp/index.html
障害者自立支援法をわかりやすく説明したパンフレット
　「社会福祉の制度とは」-「障害児・者福祉について」から　http://www.shakyo.or.jp/pamphlet.html

8．他の図書館を利用する（アクセス：図書館Web→情報検索のページ→蔵書検索から選択）
  (1) 山手線沿線私立大学図書館コンソーシアム
    コンソーシアム加盟8大学図書館のOPACを横断検索できます。
  (2) 横浜市内大学図書館コンソーシアム
    コンソーシアム加盟14大学図書館のOPAC、サービス内容などが確認できます。
  (3) Webcat Plus
    全国の大学図書館・研究機関等が所蔵する資料の目録データベース
  (4) 国立国会図書館 NDL-OPAC
    国立国会図書館蔵書検索システム
  (5) 国立国会図書館総合目録システム
    都道府県立図書館の一部、政令指定都市立図書館の一部が所蔵する和図書を検索することができます。
    （アクセス：国立国会図書館Web→資料の検索から選択）
  (6) 近隣の公共図書館

9．本学図書館にない資料を入手するには？
探している資料が本学図書館にない場合、他大学、他機関の図書館資料を利用することができます。公開されている図書館（公共図書館など）は、個人で直接利用できますが、非公開の場合にもILL（図書館間相互協力制度）を利用すれば、その図書館の資料を利用することができます。
  (1) コンソーシアムを利用
    （アクセス：図書館Web→情報検索のページ→蔵書検索から選択）
    加盟大学の図書館を本学の身分証のみで利用できます。山手線沿線私立大学コンソーシアムと横浜市内大学図書館コンソーシアムがあります。
    山手線私立大学図書館コンソーシアムは閲覧・貸出サービスを受けることができます。横浜市内大学図書館コンソーシアムは閲覧サービスのみ受けることができます。
  (2) 紹介状
    コンソーシアム加盟校以外の大学図書館を利用したい場合は、希望資料名、利用希望日を特定の上、図書館カウンターで紹介状の発行を申し込んでください。
  (3) 文献複写
    カウンターで申込みを受け付けています。コピー料金と送料等の実費は申込者の個人負担となります。カウンターで申込みを受け付けています。
  (4) 現物貸借
    カウンターで申込みを受け付けています。片道分送料は申込者の個人負担となります。
  (5) 購入希望リスト
    カウンター付近に備え付けの「購入希望申込書」に記入してください。

N D C	社会（36：8版）		
キーワード	障害者雇用，共生社会		
調べ方作成日	2006年10月03日	完成／未完成	完成
登録番号	2000001550	登録日時	2006年12月01日15時19分
最終更新日時	2007年01月12日 17時15分	管理番号	YS2006-001
公開レベル	一般公開		

データ提供館情報

[基本情報]

館種： 大学図書館（私立大学）

職員数（専任計，非常勤・臨時）：（27, 27）[2007年3月8日現在]

事業への参加時期： 2006年7月から

公開データ数：（レファレンス事例2, 調べ方マニュアル1, 特別コレクション0）

[調べ方マニュアル作成について]

作成開始時期： 以前よりガイダンス配布資料として担当者レベルでは作成していたが継承されていなかった。統一した形で作り始めたのは2006年秋から。

目的： 情報を共有し、継承していくため。スタッフマニュアル、利用者のセルフレファレンスなど。
今後、質問の多い情報の探し方を「情報の探し方ガイド」パンフレットにし、カウンターでの案内・指導、ガイダンスに館内共通で利用して、図書館の利用教育を一貫性のあるものにすることを検討している。実現したら、レファレンス協同データベースの調べ方マニュアルデータとして登録することも、業務フローに組み込みたい。

対象： 主に学生を対象に作成しているが、結果的にスタッフ向けにもなると思っている。

作成のタイミング： 現在はまだ不定期だが今後は定期的に作成できるようにしたい。

担当： 特に決まっていないが、実際は利用サービス係11名のうち（白金図書館6名、横浜図書館5名）各校地1名が担当している。

[このデータについてひとこと]

「社会学部現代GP推進室」「図書館」共催で白金図書館内でミニ展示会を開催する企画があった。展示内容は、次の4点。

　　1．学生が選んだ図書
　　2．パネル
　　3．現代GP関連のリーフレット
　　4．データベース利用マニュアル

1．の図書を選ぶ学生は、日頃図書館をよく利用している人だったが意外と検索について知らなかったというのが今回の作成のきっかけとなった。

作成にあたっては、テーマ、キーワードが変わっても使えるような「検索基本バージョン」となるよう心がけた。どのテーマ、どのキーワードでも"言葉の定義づけ"の大切さを伝えたいというのが念頭にあった。

工夫した点は、目次を付与した点。目次を付けた理由は次の2点。
1．データ量が多いため、最初に目次を付与し整理するため。
2．検索対象者のレベル別の対応のため。

初心者には、最初から読むことにより文献収集の流れがわかるように、既に経験ある人には、自分の文献収集の漏れを目次でチェックし、該当部分だけ読めばよいようにした。目次を確定するまでには試行錯誤した。

◆**参考情報**

【ウェブサイト】

「大学・短大・専門教育に関すること（現代的教育ニーズ取組支援プログラム（現代ＧＰ））（文部科学省）」
　http://www.mext.go.jp/a_menu/koutou/kaikaku/needs.htm

「明治学院大学社会学部現代ＧＰプロジェクト『共生社会実現への教育支援と障害者雇用』」（明治学院大学）
　http://www.meijigakuin.ac.jp/~soc/project/index.html

「障害者雇用に関する展示会－共に働き、共に生きる－」（明治学院大学）
　http://www.meijigakuin.ac.jp/~soc/project/information.html

3 専門図書館の調べ方マニュアル
3.1 ビジネスマンを対象に

⑵ 日本能率協会総合研究所マーケティングデータバンク　テーマ：食品の新製品リストは？
（http://crd.ndl.go.jp/GENERAL/servlet/detail.manual?id=2000000004）

> 専門図書館が扱う専門的な（主題範囲が狭い）テーマの調べ方マニュアルの例です。日本能率協会総合研究所マーケティングデータバンクは非常に質の高いサービスを提供している専門図書館のひとつですが、この種の調べ方マニュアルを非常に多く作成して活用しています。これはそのひとつの例として参考になるものです。

調べ方

「食品工業」の毎月15日号及び「食品商業」に、新製品情報が掲載されている。
主な内容は、商品名、発売元、容器、希望小売価格、商品特徴等。

「食品産業年鑑」には、一年間まとまって記載されている。
内容は、商品名、品種、会社名、容量、荷姿、卸価格、小売価格、発売日、発売地域、で構成されている。

「日経新製品ウォッチャー」には毎号、商品の評価付で新製品紹介がされており、食品も多数含まれる。

→食品工業<MDB資料051M0001>
　　光琳　月2回刊
→食品商業<MDB資料051M0008>
　　商業界　月刊
→食品産業年鑑<MDB資料0510.0142>
　　食品産業新聞社　年刊
→日経新製品ウォッチャー<MDB資料213M0016>
　　日経産業消費研究所　月2回刊

N D C	食品工業　（588：9版）		
備　考	2007年1月更新		
調べ方作成日	2004/01/01	完成／未完成	完成
登録番号	2000000004	登録日時	2004年03月06日　20時03分
最終更新日時	2007年01月26日　10時44分	管理番号	日本能率協会-00005
公開レベル	一般公開		

データ提供館情報

[基本情報]

館種： 専門（企業）

職員数（専任計，非常勤・臨時）：（60, 50）

事業への参加時期： 2003年12月から

公開データ数：（レファレンス事例0, 調べ方マニュアル62, 特別コレクション0）

[調べ方マニュアル作成について]

作成開始時期： 原始的な物は、1970年代から作成していたようだ。最初はカードで、体裁もまちまちだった。取り纏めた物は、1987年に作られ、この時には、体裁も統一されている。

目的： 1987年に作成した物は、単行本として出版した。本にした目的は、本の体裁をとれば、統一したフォーマットで作成できるため。

対象： 本にした際の対象者は、ビジネスマン。内部では、新入社員の研修用に使用している。

作成のタイミング： 不定期

担当： 主担当者1名。関わるメンバーは、作成時点により異なる。2～3名のこともあれば、部分部分の校正を手分けすることで10名以上関わった時もある。

[このデータについてひとこと]

社内でレファレンス事例のDBが稼働しており、レファレンスの記録（年間約10万件以上）がリアルタイムに蓄積されている。調べ方マニュアルの作成にあたっては、それを必要に応じて分析して使用している。

[補足]

日本能率協会マーケティングデータバンクが登録している調べ方マニュアルデータは、以下の書籍の内容がもとになっている。

・日本能率協会総合研究所マーケティングデータバンク．データ&Data．東京, 日本能率協会, 1987, 418p.
・日本能率協会総合研究所マーケティングデータバンク．データof data．東京, 日本能率協会マネジメントセンター, 1992, 277p.
・日本能率協会総合研究所マーケティング・データ・バンク．ビジネスデータ検索事典．日本能率協会総合研究所, 2003, 380p.
・日本能率協会総合研究所マーケティング・データ・バンク．ビジネスデータ検索事典．改訂第5版．東京, 日本能率協会総合研究所, 2003, 379p.
・日本能率協会総合研究所マーケティング・データ・バンク．ビジネスデータ検索事典．改訂第6版．東京, 日本能率協会総合研究所, 2006, 403p.

3.2 初学者・学生を対象に

(23) 吉田秀雄記念事業財団アド・ミュージアム東京広告図書館
テーマ：「1980年代のビールのテレビCM、特にサントリー（SUNTORY）を中心」の資料と情報を探す
（http://crd.ndl.go.jp/GENERAL/servlet/detail.manual?id=2000001617）

> 専門図書館ならではの調べ方の案内の例です。CMの調べ方のむずかしさを述べた上で、図書館での調べ方、参考図書、関連サイト、新聞などさまざまな媒体を使っての調べ方がまとめられています。構成は、目次があるのですぐに分かります。探す時に使うキーワードもきめ細かく紹介されています。CMですので、「ＡＶ資料」から探し始めます。他の図書館にも大いに参考にしてもらえるものです。
> また、初学者・学生向けの視点として、例えば、雑誌記事の検索結果の記述で「⑴雑誌記事タイトル （例：「TVCMの売上高効果」）、⑵執筆者 （例：八巻俊雄）、⑶雑誌名 （例：「マーケティング・ジャーナル」）、⑷掲載号数 （例：10巻3号/1990.12）、⑸所蔵場所（所蔵場所によっては取寄せに時間が掛かる） は最低限必要な情報なので、必ずメモする」とあります。こうしたことは初学者・学生は忘れがちで、実例もあげて説明している点は他の図書館の参考になります。

■ 調 べ 方

目次

1．はじめに
2．キーワード
3．ＡＶ資料を探す―［ＣＭ（映像）を見て調べる］
4．図書を探す
5．雑誌と雑誌記事、論文を探す
6．新聞から探す
7．参考に「1980年代」だけでなく、最新のＣＭ動向を確認する時は
8．関連する研究機関・ＷＥＢサイトを見る

1．はじめに
利用者から良く聞かれることだが、日々テレビで放送されている膨大な量のコマーシャル（ＣＭ）について、キーワード等で（例えば「商品名」「企業名」「タレント名」或いは「○○テレビ局で何月何日に放送された」）、容易に検索するシステムはない。

また、テレビＣＭを含む「広告作品」には著作権・肖像権が複雑に混在しており、二次使用についての許

諾を得るには大変な手続きが必要である。
[テレビＣＭに関しては、「ＡＣＣ・ＣＭ情報センター（全日本シーエム放送連盟）」がデータベース化して一般公開するなど、窓口となって対応している。
　　　　　TEL：03-5510-3177　　http://www.acc-cm.or.jp/center/cmjyouhoucenter.html]

広告図書館内に置いてある「ＡｄＤＡＳ（アドダス）」（＊）は「館内での閲覧だけ」を条件に関係各所から許諾を得たものであるため、ダビングやコピー、プリントアウトは出来ない。
一般にＣＭは広告賞に入賞したり、世間の注目を集めたものは作品として記録に残るが、それ以外の大部分は日々消えていく。
テレビＣＭについての情報を探す場合には「広告された時期」「企業名」「商品名」を特定すると手際よく情報を集めることができる。
そのためには上記の「ＡｄＤＡＳ（アドダス）」や6の「新聞広告縮刷版」は重要なレファレンス・ツールである。

＊「ＡｄＤＡＳ（アドダス：広告作品資料検索）」
広告図書館付属展示施設「アド・ミュージアム東京」が所蔵する広告作品をデータベース化した、デジタルアーカイブである。

２．キーワード
「ＣＭ」は「コマーシャル」や「シーエム」と表示されることも多いので、それぞれの単語で検索する必要がある。

<ビールのテレビＣＭ>　< ＴＶコマーシャル>　<シーエム・ソング>　<ＣＭタレント>　<ＣＭキャラクター>

関連する以下のキーワードや上記のキーワードと組み合わせたりすると、さらに多くの情報を入手できる。

<ビール会社>　<サントリー>　<ＣＭ制作>　<テレビシーエム>　< ＴＶＣＭ>　<クリエィティブ>　<ＣＭ史>　<広告史>
<年代（1980年代）>　<食料・飲料・嗜好品>　<酒類>

３．ＡＶ資料を探す―［ＣＭ（映像）を見て調べる］
テレビＣＭ等の情報源から「広告された時期」を特定し、それらをヒントにして、さらに下記の図書資料や雑誌を調べると目的の記事、論文に早く行き着く。

〇広告図書館・「ＡｄＤＡＳ（アドダス：広告作品資料検索）」
テレビＣＭが放送された「時期」からヒントを得るために、

キーワード： ＜映像＞ ＜サントリー＞ ＜ビール＞ ＜1981-1990＞ で検索した。
検索結果は、17件のＣＭデータがあった。

○広告図書館・「蔵書検索　ＡＶ資料」で検索し、ビデオやＤＶＤを見て調べる。

[図書資料などを入手する時は、検索結果に表示される
(1)　請求記号　（例：R108-KOK-0007　）
(2)　書名　（例：「私のCMウォッチング」）
(3)　著者名　（例：天野祐吉著)
は最低限必要な情報なので、必ずメモすること。]

「フリーワード」欄に　＜ＣＭ＞　＜ＣＦ＞　を入力すると以下のＡＶ資料がヒットする。この中から添付資料のパンフレットや実際に内容を見ながら探していく。
180-OOS　　「なにわのCM100連発　1954-1994、1994-2000」　大阪広告協会　CM合同研究会　1994、2001　ビデオ
R181-DEN　「広告電通賞受賞CM集」　1981-1990　電通　1961-　VHS、DVD
184.2-NIH　「昭和のCF100選」日本テレビコマーシャル制作社連盟編　誠文堂新光社　1991　ビデオ
932-TAK　　「昭和探偵倶楽部」　宝島社　2003　DVD
Y106-YOS-Y-2　「昭和・平成期の広告研究論文」　仁科貞文監修　（財）吉田秀雄記念事業財団　2000
　　DVD

４．図書を探す
○広告図書館・「蔵書検索・和書　助成研究」で探す
「書名」や「フリーワード」の欄に
・キーワード　＜コマーシャル＞　＜シーエム＞　または＜ CM ＞を入力して検索をしてみる。
108-DEN-0002　「CMをつくる」　内藤俊夫監修　電通　1982　　など検索結果には多数出てくる。

・＜シーエム＞　または＜ CM ＞以外のキーワード　＜サントリー＞を入力して検索をしてみる。
会社関係の資料は　23件あるが、広告作品関係は0件。
サントリーの宣伝活動を担当する会社は＜サン・アド＞である。これを入力してみる。
180.9-SEN　「ＳＵＮ－Ａｄ　at　work(サンアドアットワーク)」　宣伝会議　2002

・出版年を「1980～1989年」と限定する
146-MUK　「虹をつくる男たち―コマーシャルの30年」　向井敏著　文藝春秋　1983
180-YAS　「昭和50年代評判テレビCM大全集　全三巻」　ブレーン編集部　誠文堂新光社　1986
184-AMA　「私のCMウォッチング」　天野祐吉著　朝日新聞社　1986

○直接本棚を探す

次の主題分類（＊）の書架を見る。

　１３３　　　　ラジオ・テレビ広告
　１４６　　　　ＣＭ　ＣＦ
　１８０．９　　広告作品集
　１８４　　　　放送広告作品（ＣＭ）

＊主題分類とは資料の内容を数字（日本十進分類法から広告とマーケティングを中心に展開させた分類法）に置き換えて表示したものである。
広告図書館の資料は、原則として主題分類順に並べてある。

・「参考図書」の書架を見る―［ＣＭに関する基礎知識を調べる］
＊事典・辞典、ハンドブック、年鑑などで調査に使う本を「参考図書」といい、当館は請求ラベルが赤で、Ｒの記号を付けてある。

R103-TSU　　「広告がわかる事典」　塚本輝雄著　日本実業出版社　2000
R146.3-OBA　「ＣＭ制作ハンドブック」　小幡章著　宣伝会議　1990
R142.5-COP　「コピー年鑑」　東京コピーライターズクラブ編　誠文堂新光社　1981-1990
R146.5-CMN　「ＡＣＣ　ＣＭ年鑑」　全日本ＣＭ協議会編　誠文堂新光社　1981-1990
R146.5-ZEN　「ＣＭ殿堂　ＡＣＣ創立40周年記念誌」　全日本シーエム放送連盟編　宣伝会議　2000
R147-COM　　「コマーシャル・フォトデータベース年鑑」　コマーシャル・フォト編集部　玄光社　2002-
R181-DEN　　「広告電通賞年紀」　電通　1981-1990

○広告図書館にない本も含めて刊行された本を探す
・図書館にある目録類で探す
R102-NIK　　「広告白書」　1981-1990　日経広告研究所　［その年に発行された関連新刊図書が掲載されている］
R103-KOK　　「広告関係論文レファレンス」1981-1990　日経広告研究所
R105-DEN　　「電通広告年鑑」　1981-1990　電通　［目次：各年1年間に出版された広告図書が掲載されている］
108-KOK-0007　「アドマンのための百冊の本」　日経広告研究所　1985
108-DEN-0098　「日本の広告研究の歴史」　嶋村和恵編　電通　1997

・インターネットで探す
国立国会図書館　ＮＤＬ－ＯＰＡＣ：http://opac.ndl.go.jp/
国立情報学研究所　Webcat Plus：http://webcatplus-international.nii.ac.jp/
日本の古本屋：http://www.kosho.or.jp

本やタウン：http://www.honya-town.co.jp/index.html
amazon：http://www.amazon.co.jp

5．雑誌記事、論文を探す
テーマ、フリーワード（キーワード）、執筆者などから、どのような雑誌論文が、どの雑誌の何巻何号に掲載されているかを調べる事ができる。

[図書と同じように資料を入手する時は、検索結果に表示される
(1)　雑誌記事タイトル　（例：「TVCMの売上高効果」）
(2)　執筆者　（例：八巻俊雄）
(3)　雑誌名　（例：「マーケティング・ジャーナル」）
(4)　掲載号数　（例：10巻3号／1990.12）
(5)　所蔵場所　（所蔵場所によっては取寄せに時間が掛かる）
は最低限必要な情報なので、必ずメモすること。

○広告図書館・「蔵書検索　雑誌記事」で探す
「フリーワード」の欄に　＜ビールのコマーシャル＞　＜サントリー＞　＜ビール会社＞を入力して検索をしてみる。
検索結果は、0件。

○広告図書館・「蔵書検索　雑誌リスト」で雑誌の所蔵状況が一覧で確認できる。
・広告作品が多く掲載されている主な雑誌を実際に見る。
「コマーシャル・フォト」　玄光社　1976年01月～
「広告批評」　マドラ出版　1979年04月～
「ＣＭ　ＩＮＤＥＸ」　東京企画　1993年09月～
「宣伝会議」　宣伝会議　1954年04月～
「ブレーン」　誠文堂新光社　1966年01月～

○国内刊行雑誌を探す
R025-MED　「雑誌新聞総かたろぐ」　で上記以外の「ＣＭ」「広告」に関連する雑誌があるか探す。

当館で所蔵していない雑誌は
国立国会図書館蔵書検索システム　ＮＤＬ－ＯＰＡＣ：雑誌記事索引：http://opac.ndl.go.jp/Process
国立情報学研究所　Webcat Plus：図書・雑誌情報：http://webcat.nii.ac.jp/
で所蔵館を探すことができる。

国立国会図書館の「　雑誌記事索引」で探してみる。

キーワード〈ＴＶ　ＣＭ〉で検索すると
「ＴＶＣＭの売上高効果--ＣＭ好感率とＳＣＡＮデーター」　八巻俊雄著　　　『東京経大学会誌 』通号169号(1991年01月　p79-112)

６．新聞から探す
ＣＭを探す時に直接有効ではないが、「広告された時期」「企業名」「商品名」などが曖昧な時それを明確にするため、補助的に使う。
ＣＭと新聞広告とが統一イメージで制作されることもある。

「新聞広告縮刷版」　世界文庫　1983年01月～
＊全国の新聞に掲載された新聞広告のみを一ヶ月単位で縮小製本したもの。製品業界別・目次があり探しやすくなっている。

７．参考に「1980年代」だけでなく、最新のＣＭ動向を確認する時は
コマーシャル・フォト　掲載ＣＭ　検索：http://www.genkosha.co.jp/np/cpsearch.jsp
ＣＭ総合情報局：http://tv-cm.com/
ＴＶ－ＣＭ　ＬＩＮＫ　テレビＣＭリンク集：http://exploration.jp/
ＣＭ　ＳＯＮＧ　ＳＥＡＲＣＨ（ＣＭソングーサーチエンジン）：http://www.hotexpress.co.jp/cmsong/index.html

＊ＷＥＢページの情報は信頼性、更新頻度もさまざまである。インターネット上の情報だけに頼らず、印刷された資料、規約などで裏付けを取ることが大切である。

８．関連する研究機関・ＷＥＢサイトを見る
（社）日本テレビコマーシャル制作社連盟（JAC）：http://www.jac-cm.or.jp/
広告関係団体一覧：http://www.jaa.or.jp/html/f/kankeidantai.html
テレビＣＭ史研究拠点：http://www002.upp.so-net.ne.jp/TVCM_archeology/data.html

（上記の全てのＷＥＢサイトは2006年11月21日に最終確認）

N D C	広告.宣伝　（674：9版）		
参考資料	明治学院大学図書館の調べ方マニュアル 埼玉県立久喜図書館の調べ方マニュアル		
キーワード	CM, コマーシャル, TVコマーシャル, シーエム・ソング, CMタレント, CMキャラクター, サントリー, ビール会社, CM制作, クリエィティブ, CM史, 広告史, １９８０年代, 広告史, 食料・飲料・嗜好品		
調べ方作成日	2006年12月05日	完成／未完成	完成
登録番号	2000001617	登録日時	2006年12月06日　19時47分
最終更新日時	2006年12月22日　17時10分	管理番号	2006-01
公開レベル	一般公開		

データ提供館情報

[基本情報]

館種： 専門（公益法人）

職員数（専任計, 非常勤・臨時）：（1, 2）

事業への参加時期： 2003年12月から

公開データ数：（レファレンス事例126, 調べ方マニュアル2, 特別コレクション0）

[調べ方マニュアル作成について]

作成開始時期： 2006年10月から。

目的： スタッフマニュアル及び第2回レファレンス協同データベース・システム研修会(2006年10月19日)の事前課題として。

対象： 基本的には大学1年生向け。

作成のタイミング： 不定期

担当： レファレンス担当職員3名のうち、1名が担当

[このデータについてひとこと]

　当館のレファレンス事例の蓄積から、質問の傾向を分析して作成した。

　他館の調べ方マニュアルを参考にして、見やすい、読みやすい事例になるよう、レイアウトの工夫に苦労した。

　また、利用者がこの調べ方マニュアルを見て問い合わせをしてきた時に、当館が望む「最低限必要な情報のメモ」の項目を記入した。

4 国立国会図書館の調べ方マニュアル
4.1 国立国会図書館のレファレンスサービスと調べ方マニュアル
4.1.1 国立国会図書館のレファレンスサービス

　国立国会図書館においては、東京本館の議会官庁資料室、科学技術・経済情報室、人文総合情報室、地図室、憲政資料室、古典籍資料室、新聞資料室、電子資料室、音楽・映像資料室、関西館の総合閲覧室、アジア情報室の各専門室を所管する課、及び国際子ども図書館の職員が、担当分野や所管資料に関連したレファレンスサービスを行っています。レファレンスサービスは、対象と手段によって、口頭レファレンス（来館利用者に対するカウンターでのサービス）、電話レファレンス（一般利用者及び図書館を対象とした電話によるサービス）、文書レファレンス（主として図書館を対象にした電子メールやFAXによるサービス）に区分されています。

　レファレンスサービスに従事する職員の業務は、質問・回答型のサービスだけではありません。開架資料の選書や維持・管理はもちろんのこと、最近は、多様なレファレンス情報の積極的な発信に力を入れています。レファレンス協同データベースへの調べ方マニュアルの登録もその一環です。たとえば、本書に掲載する「土地の価格（地価）を調べるには」「人口統計」は、科学技術・経済情報室で経済・産業分野のレファレンスサービスを担当する職員が作成したものです。その具体的な作成プロセスについては、個別に詳しくご紹介します。

4.1.2　調べ方マニュアルと「インフォメーションカード」、「テーマ別調べ方案内」

　国立国会図書館の調べ方マニュアル作成は、「インフォメーションカード」、「テーマ別調べ方案内」の作成というプロセスを経て行われています。「インフォメーションカード」が館内職員用のツールであるのに対し、国立国会図書館ホームページで公開している「テーマ別調べ方案内」（http://www.ndl.go.jp/jp/data/theme.html）は、不特定多数の利用者を対象としたツールです。

　これら3つのツールの関係は、以下のように示すことができます。

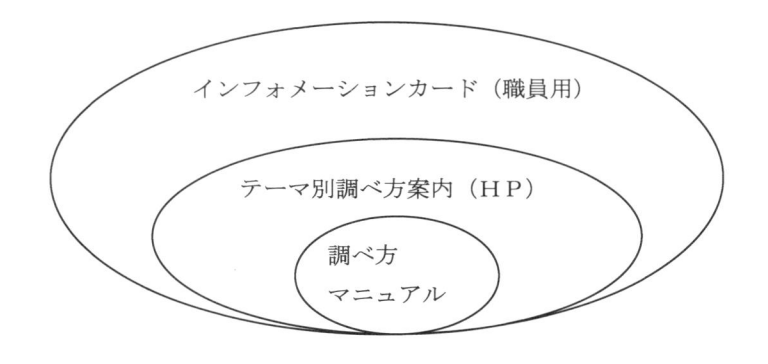

(1) 「インフォメーションカード」の作成

　当館の「インフォメーションカード」は、頻繁に聞かれる質問への回答や、レファレンスサービスに役立つ知識・ノウハウを職員間で共有することによって、利用者に対して均質的なサービスを提供するために作成・維持されています。システム化されるまでは、数百枚にのぼる紙のカードを複数セット維持し、資料案内や参考図書室等のカウンターで活用していました。内容は、特定の主題分野や資料に関わるものから、利用案内、類縁機関に関する情報など多岐にわたります。利用者のニーズを予測して作成する場合も少なくありません。また、レファレンス担当課が課内研修の一環として作成する場合もあります。作成・維持管理は館内システムであるインフォメーションカードシステムを用いて行われ、利用は職員に限定されています。

(2) 「テーマ別調べ方案内」の作成・公開

　「インフォメーションカード」の中から、一般的な内容、遠隔利用に資するものを選択し、加筆・修正のうえ、ホームページ上で公開しています。「インフォメーションカード」とは異なり、不特定多数の利用者層を対象としているため、テーマの一般性・網羅性・詳細度に留意して作成しています。また、職員の間でのみ通用する用語が使われていないか、当館に来館できない利用者にも十分活用してもらえるか、などの点にも目を配っています。担当課内での複数職員による点検ののち、公開のための決裁を経て、ホームページに掲載されます。

　「テーマ別調べ方案内」は、作成済みの「インフォメーションカード」をもとに作成される場合と、当初から「テーマ別調べ方案内」として、公開を前提として作成される場合があります。後者の場合にも、最初はインフォメーションカードシステムへの登録を行いますが、登録内容は「テーマ別調べ方案内」として公開されるものとまったく同じです。時事的なトピックを扱う場合には、この方法を取ることがよくあります。

(3) レファレンス協同データベースへの登録

　「テーマ別調べ方案内」の中から、当館専門室案内や関連サイト集、コレクション概要などを除いたものを選び、「インフォメーションカード」や「テーマ別調べ方案内」には付与されていないNDCやキーワードを付与したうえで、レファレンス協同データベースの調べ方マニュアルデータとして登録しています。登録・更新は、「テーマ別調べ方案内」のホームページへの掲載・更新に合わせて行っています。

4.1.3 国立国会図書館の調べ方マニュアルの特徴

　調べ方マニュアルは、「テーマ別調べ方案内」と同じく、特定の主題に即したものと、特定の資料群を対象としたものの2種類に大別できます。いずれも、来館利用・遠隔利用の両方を想定して作成しています。各マニュアルは、テーマや特定資料についての基本的な説明、概念

定義、解説、参考資料紹介（冊子体・インターネット情報を含む）、当館所蔵資料の検索・利用方法、類縁機関紹介、関連サイト紹介、関連した調べ方マニュアルデータへの参照を含んでいます。

(4.1執筆：主題情報部主任司書　北川知子)

4.2 実際のデータから

⑷　国立国会図書館（National Diet Library）　テーマ：　土地の価格（地価）を調べるには
　　（http://crd.ndl.go.jp/GENERAL/servlet/detail.manual?id=2000001187）

> 　地価に関する質問は、①現在の特定の場所の地価を知りたい、②特定の地域の昭和40年代からの地価の推移を知りたい、③「路線価」はどのようにすればみることができるか、などが代表的なものです。③は自分で探したいので、どのようにすれば実物を手にして調べることができるかというものです。最近はインターネット上で閲覧することができるようになりました。
> 　以下の紹介する「調べ方マニュアル」は、土地の価格（地価）の全般的な調べ方を案内したものです。「参考情報」に紹介しておきましたが、データベースには「地価公示」「都道府県地価調査」「路線価図（相続税・贈与税評価額）」「固定資産税評価額」「インターネットによる地価情報」などが収録されています。あわせて読んでおくといいでしょう。現場では、さらに利用者への紹介の仕方についてもマニュアルに書き込んでおくといいと思います。というのは、利用者（質問者）は、どうしても自分が調べる場所の土地の価格がずばり分かると思っている方も少なくないからです。
> 　国土交通省は、「土地総合情報ライブラリー」（http://tochi.mlit.go.jp/）のなかの「ここがポイント　地価公示」という解説のページ(http://tochi.mlit.go.jp/tocchi/chikakouji/)で、地価公示について、「一般の人が土地取引や資産評価をするに当たって、土地の適正な価格を判断するには客観的な目安が必要になります。地価公示はその客観的な目安として活用されます。」、また、「取引したい土地が公示地点よりもっと駅に近いから高いとか、道幅が狭いから安いといったことを比べておおよその価格を判断していただくものです。」と説明しています。

調べ方

　我が国における近代的な租税制度は、1873年に開始された地租改正をもって嚆矢としますが、その際、土地の収益を基準として、初めて地価が算定されました。

　その後の経済、社会構造の変化を経た現在、地価には、公的な評価に基づいて定められる複数の価格があります。加えて、実際の取引価格（実勢価格）が存在するため、「一物四価」とも「一物五価」とも評されることがあります。

　公的な評価を経て定められる地価は、土地取引の指標、公共事業用地取得価格の基準等とすることを目的に公示されるもの（地価公示、都道府県地価調査）と、国税・地方税の課税に際してその課税標準額を定めることを目的に評価するもの（相続税・贈与税評価額、固定資産税評価額）に大別することができます。その他、田畑や山林の価格のように、民間の機関によって調査が行われている例もあります。

　そのため、地価について調べる際には、調査の対象となる土地の場所や年代に加えて、地価の種類にも注意を払う必要があります。国内の地価に関する情報は、例えば地価公示の場合は毎年1月1日時点の価格が同年3月の官報に、また、都道府県地価調査は毎年7月1日時点の価格が同年9月に各都道府県の公報に掲載、公示されます。一方、相続税・贈与税の評価額（路線価・評価倍率表）は国税庁が毎年8月に公表しています。この他、国、地方自治体および民間から多数の関連資料が刊行されているほか、近年ではインターネットを通じて得られる地価情報も充実しています。

N　D　C	人口. 土地. 資源　（334：9版）		
キーワード	地価		
備　　　考	http://www.ndl.go.jp/jp/data/theme/theme_honbun_102130.html		
調べ方作成日	2005/10/13	完成／未完成	完成
登　録　番　号	2000001187	登　録　日　時	2006年09月23日 02時11分
最終更新日時	2006年09月23日 02時11分	管　理　番　号	102130
公開レベル	一般公開		

データ提供館情報

[基本情報]

館種：　国立国会図書館(東京本館)

職員数（専任計, 非常勤・臨時）：（928, -）

事業への参加時期：　2003年12月から

公開データ数：（レファレンス事例644, 調べ方マニュアル119, 特別コレクション15）

[このデータについてひとこと]

　　地価に関する質問は、科学技術・経済情報室で受ける質問のうち、最もよく聞かれるものの1つである。

「一物四価」（地価公示、都道府県地価調査、路線価、固定資産税評価額）あるいは「一物五価」（「四価」に実勢地価を加えたもの）と言われる地価のうち、最も需要の高い路線価については以前から「テーマ別調べ方案内」に掲載していたが、他の地価についても掲載する必要があると長年感じていた。そこで、昨年他の地価についての文書作成を開始した。

　当初は「五価」それぞれの文書のみ作成することを想定していたが、作成の過程で、過去（戦前期等）の地価、海外の地価等についても元来需要が高く、文書作成の必要があるのではないかと考え、結果的には新たに10文書を作成することになった。地価には、上述のように多種多様なものがあり、門外漢には相互の差異が分かりにくい。そのため、各地価について単に情報源を紹介するのではなく、新たに作成する10文書全てに、特に根拠法令や相互の差異に関する理解の補助となることを目的とした解説を付すことにしたが、これを簡潔にまとめることには相当苦労した。「土地の価格を調べるには」は、全ての文書（元々あった「路線価」を合わせて11文書）を束ね、シリーズの入り口として機能することを想定した文書である。

　対象とするユーザとしては、主にビジネスユーザを想定しているが、地価の情報は納税、土地売買等のように、一般国民が生活の様々な局面で関わりうるものであり、その意味では全国民が対象であると言える。また、「テーマ別調べ方案内」全般がそうであるが、このシリーズも当館職員がカウンター等で用いるレファレンスツールとして機能しており、他館でも同様に利用してもらうことを目指している。

　完成した文書を「テーマ別調べ方案内」に掲載すると、反響は事前の予想以上にあり、安定して月間3,000弱のアクセス（11文書の合計）を集めることになった。それを受けて、この度シリーズの文書全てをレファレンス協同データベースに掲載することにした。

　なお、「テーマ別調べ方案内」においては、その後「オフィス・住宅賃料」も追加掲載し、シリーズに収まる文書数は現在12となっている（シリーズ名も「土地の価格（地価）を調べるには」から「土地の価格（地価）・不動産賃料を調べるには」に変更）。

◆参考情報

【土地の価格に関する調べ方マニュアルデータ】

「実勢地価」（国立国会図書館　2000001836）
　http://crd.ndl.go.jp/GENERAL/servlet/detail.manual?id=2000001836

「地価公示」（国立国会図書館　2000001188）
　http://crd.ndl.go.jp/GENERAL/servlet/detail.manual?id=2000001188

「都道府県地価調査」（国立国会図書館　2000001189）
　http://crd.ndl.go.jp/GENERAL/servlet/detail.manual?id=2000001189

「路線価図（相続税・贈与税評価額）」（国立国会図書館　2000000484）
　http://crd.ndl.go.jp/GENERAL/servlet/detail.manual?id=2000000484

「固定資産税評価額」（国立国会図書館　2000001190）
　http://crd.ndl.go.jp/GENERAL/servlet/detail.manual?id=2000001190

「インターネットによる地価情報」（国立国会図書館　2000001196）

http://crd.ndl.go.jp/GENERAL/servlet/detail.manual?id=2000001196
　「長期統計（地価）／戦前期の地価」（国立国会図書館　2000001194）
　　　http://crd.ndl.go.jp/GENERAL/servlet/detail.manual?id=2000001194
　「海外の地価（国際比較）」（国立国会図書館　2000001195）
　　　http://crd.ndl.go.jp/GENERAL/servlet/detail.manual?id=2000001195
　「田畑価格・小作料、林地価格等」（国立国会図書館　2000001192）
　　　http://crd.ndl.go.jp/GENERAL/servlet/detail.manual?id=2000001192
　「市街地価格指数」（国立国会図書館　2000001193）
　　　http://crd.ndl.go.jp/GENERAL/servlet/detail.manual?id=2000001193
　「図書館調査ガイド　地価を知る資料」（大阪府立中之島図書館　2000000756）
　　　http://crd.ndl.go.jp/GENERAL/servlet/detail.manual?id=2000000756

⒉⒌　国立国会図書館（National Diet Library）　テーマ：　人口統計
　　（http://crd.ndl.go.jp/GENERAL/servlet/detail.manual?id=2000000695）

> 　人口統計、また関連深い国勢調査は、図書館に寄せられる質問としても多くのものがあります。レファレンス事例データベースで「国勢調査」で検索すると47件がヒットします。
> 　以下に紹介する「調べ方マニュアル」は、まず、「1．3つの主な統計」として、国勢調査、住民基本台帳による人口、人口動態を紹介し、続いて、「2．将来の人口予測」、「3．人口の推移」、「4．人口ピラミッド」、「5．町丁別人口」、「6．外国人と海外の日本人」の順に調べ方を紹介しています。公共図書館では、「5．町丁別人口」は特に関心の高い人口統計でしょう。地元自治体の統計担当課が公表している数値が掲載されている資料を把握しておく必要があります。

調　べ　方

人口は、社会経済現象をみる上で、重要な要素の一つです。人口統計は、統計の中でももっとも基本的なものとして整備されています。

1．3つの主な統計

⑴　国勢調査（総務省）

大正9（1920）年以降5年ごとに実施されています。国内に居住するすべての人口（外国人を含む）を対象とする全数調査です。性別・年齢別（各歳）、国籍・配偶関係・世帯・教育程度等、就業状態・産業・職業社会経済分類（小分類）、収入の種類、市区町村等の項目で調査され、調査結果は、行政や選挙の区割り等の基礎として活用されます。結果は、『国勢調査報告』平成12年　第1巻　人口総数（総務省統計局

編・刊　2002.1　32,321p　当館請求記号DT221-G276）などとして刊行されます。平成12年の調査結果では、日本の人口は126,925,843人（平成12年10月1日現在）です。当館の所蔵をNDL-OPACで検索する場合は、件数が非常に多い（平成12年は約305冊刊行予定）ので、書名に「国勢調査」のほか出版年や各巻タイトルを入力する工夫が必要です。平成12年の調査結果は総務省統計局の「国勢調査」で公開されています。

5年に1回の国勢調査を補うものとして、『推計人口』（総務省統計局　年刊　当館請求記号Z41-6835）が人口動態統計、出入国管理統計の数値を加味して作成されます。国勢調査実施年以外の10月1日現在の年齢別（各歳）、県別、性別の人口が収録されています。毎月1日現在の5歳階級、性別の人口は『人口推計月報』（総務省統計局編・刊　月刊　当館請求記号Z3-564）で公表されます。これらの数値は総務省統計局の「人口推計」でも公開されています。

(2) 住民基本台帳による人口（総務省）

国内に居住し当該市区町村の住民基本台帳に記載されている日本人を対象とする統計で、『住民基本台帳人口要覧』（総務省自治行政局　年刊　当館請求記号Z41-827）として刊行されます。住民基本台帳は、各市区町村で住民票を世帯ごとに作成され、住民の居住関係の証明、選挙人名簿の登録等に用いられ、市区町村が行う各種行政サービスの基礎となります。この台帳による記録を集計した統計です。性別・年齢別（各歳）の人口、世帯数、1年間の人口動態が収録されています。平成15年の人口は126,688,364人（平成15年3月31日現在）です。総務省自治行政局市町村課発表の概要（各都道府県と　各市町村の人口及び世帯数、各都道府県別の人口動態）が総務省の「地方行政」内で公開されています。

(3) 人口動態（厚生労働省）

明治32年以降実施されている国内で発生した出生・死亡・死産・婚姻・離婚の人口動態事象に関する調査は、『人口動態統計』上、中、下巻（厚生労働省大臣官房統計情報部編・刊　年刊　当館請求記号Z41-538）として刊行されます。性別・年齢別、配偶関係、都道府県の人口動態事象をつかむことができます。上巻は概要と解析、中巻は出生・死産・婚姻・離婚、下巻は死因に関する統計が収録されています。最新の動態統計の概要は厚生労働省の「平成14年人口動態統計（確定数）の概況」で、過去からの推移は厚生労働省の「人口動態統計　年報　主要統計表（最新データ、年次推移）」で公開されています。

2．将来の人口予測

人口予測は、国立社会保障・人口問題研究所が5歳階級の男女別人口を参考推計も含めると100年先まで予測しており、最近の結果は『日本の将来推計人口　平成14年1月推計』（国立社会保障・人口問題研究所編　厚生統計協会　2002.5　当館請求記号DC721-H2）として刊行されるほか、国立社会保障・人口問題研究所の「日本の将来推計人口」で公開されています。

3．人口の推移

統計総論の「日本の統計」で紹介されている『日本統計年鑑』『日本長期統計総覧』『完結昭和国勢総覧』等に掲載されています。その他、『人口統計総覧　国勢調査集大成』（東洋経済新報社編・刊　1985.10　当館請求記号DT221-255）、『人口の動向　日本と世界　人口統計資料集』（国立社会保障・人口問題研究所編　厚生統計協会　年刊　当館請求記号Z3-2530）に人口に関する主要な調査、推計の数値が掲載されています。人口統計資料集は、国立社会保障・人口問題研究所の「一般人口統計－人口統計資料集」でも公開されています。

4．人口ピラミッド

『推計人口』には各歳ごとの統計を基にした日本の人口ピラミッドが掲載されています。都道府県の5歳階級別人口ピラミッドは『住民基本台帳人口要覧』に、1870～2050年までの10歳階級別ピラミッドは『人口統計総覧』に掲載されています。

5．町丁別人口

『住民基本台帳による東京都の世帯と人口　町丁別・年齢別』（東京都総務局統計部編・刊　年刊　当館請求記号Z41-2401）のように都道府県別に刊行されている場合があります。議会官庁資料室の「町丁字別人口」カード目録で、都道府県別に所蔵を調べられます。

6．外国人と海外の日本人

日本に住む外国人の数は『在留外国人統計』（入管協会編・刊　年刊　当館請求記号Z41-5354）、『国勢調査報告』、『出入国管理統計年報』（法務省大臣官房司法法制部　年刊　当館請求記号Z41-648）に、海外に住む日本人の数は『海外在留邦人数調査統計』（外務省大臣官房領事移住部政策課編　国立印刷局　年刊　当館請求記号Z41-545）に、掲載されています。海外在留邦人数調査統計は、外務省の「海外在留邦人数統計」に掲載されています。

Ｎ　Ｄ　Ｃ	人口統計．国勢調査　（358：9版）		
キーワード	人口-統計		
備　　　考	http://www.ndl.go.jp/jp/data/theme/theme_honbun_102087.html		
調べ方作成日	2005/02/04	完成／未完成	完成
登　録　番　号	2000000695	登　録　日　時	2005年12月27日　02時10分
最終更新日時	2005年12月27日　02時10分	管　理　番　号	102087
公開レベル	一般公開		

データ提供館情報

[基本情報]

館種：　国立国会図書館(東京本館)

職員数(専任計, 非常勤・臨時)：　（928, -）

事業への参加時期: 2003年12月から

公開データ数：　（レファレンス事例644, 調べ方マニュアル119, 特別コレクション15）

[このデータについてひとこと]

　　統計は科学技術・経済情報室で最もよく尋ねられる事象の1つだが、中でも人口統計は、その頻度が高いものである。人口に関する統計には、国勢調査、住民基本台帳に基づく統計、人口動態統計の主要統計のほか、人口の将来予測、過去の人口、人口ピラミッド、町丁別人口等、多種多様なものがある。そのため当課では、「テーマ別調べ方案内」の立ち上げ後最初期の段階で、人口統計に関する文書を作成し掲載

していた。

　作成は、まずは情報室に開架されている統計書に当たり、また必要に応じて書庫資料にも当って、カテゴリーごとに重要度を比較しつつ掲載資料の選定を行い、選定したものについて解題を執筆し、資料に関連したWeb上の情報があればリンクを張る、というように行われた。人口統計の範疇に入る統計調査はいずれも規模が大きく掲載データの種類も多岐に亘るが、それを短いスペースに、各統計のエッセンスが伝わるよう収めることを心がけた。

　「テーマ別調べ方案内」掲載の「統計の調べ方」シリーズは、利用者としてビジネスユーザー、研究者等を想定しているが、特に人口は全国民にとって身近な事象であり、その意味では全国民が対象であると言える。また、「テーマ別調べ方案内」全般がそうであるが、このシリーズも当館職員がカウンター等で用いるレファレンス・ツールとして機能しており、他館でも同様に利用してもらうことを目指している。

　「人口統計」は、「テーマ別調べ方案内」掲載文書中最も安定してアクセスを集めてきた（現在も月間1,000件前後のアクセスを集める）。そのため、レファレンス協同データベースへの「調べ方マニュアル」掲載について係内で話し合った際に、即座に掲載が決定された。

◆参考情報

「統計資料レファレンス・ガイド」
　　（国立国会図書館ホームページ＞資料の検索＞統計資料レファレンス・ガイド）
　　http://www.ndl.go.jp/jp/data/reference_guide/index.html

※日本語で記述された、統計検索ツール（書誌、索引、便覧等。原則的に統計数値自体は掲載されていない）あるいは統計書（統計数値が掲載されている）を分野別に紹介したもの。
　統計資料レファレンスガイド（国立国会図書館）の「[4]分野別統計書」からは、テーマ別調べ方案内「経済・産業」、「社会・労働」等に掲載された分野別の22の統計情報ガイドにリンクしている。

付録1

「レファレンス協同データベース事業

データ作成・公開に関するガイドライン」

調べ方マニュアルデータ作成・公開関連部分抜粋

第2章　レファレンス協同データベースの概要を知るために

2.1　レファレンス協同データベースは、どのような構造となっているか

2.2　レファレンス協同データベースには、どのような用途があるか

   2.2.1　レファレンス事例データには、どのような用途があるか
   2.2.2　調べ方マニュアルデータには、どのような用途があるか
   2.2.3　特別コレクションデータには、どのような用途があるか
   2.2.4　参加館プロファイルデータには、どのような用途があるか

2.1 レファレンス協同データベースは、どのような構造となっているか

レファレンス協同データベースは、4つのデータベースから構成されています。各データベースに収録されるデータは、次のように定義され、それぞれの項目は、レファレンス協同データベース標準フォーマットに基づいて規定されています。

(1) **レファレンス事例データ**
    参加館で行われたレファレンスサービスの記録

(2) **調べ方マニュアルデータ**
    特定のテーマやトピックに関する情報源の探索方法を説明した情報

(3) **特別コレクションデータ**
    特定の主題、又は資料種類、資料形態から構成されるコレクションに関する情報

(4) **参加館プロファイルデータ**
    レファレンス協同データベース事業の参加館に関する情報

図1　データベースと利用者・図書館員の関係

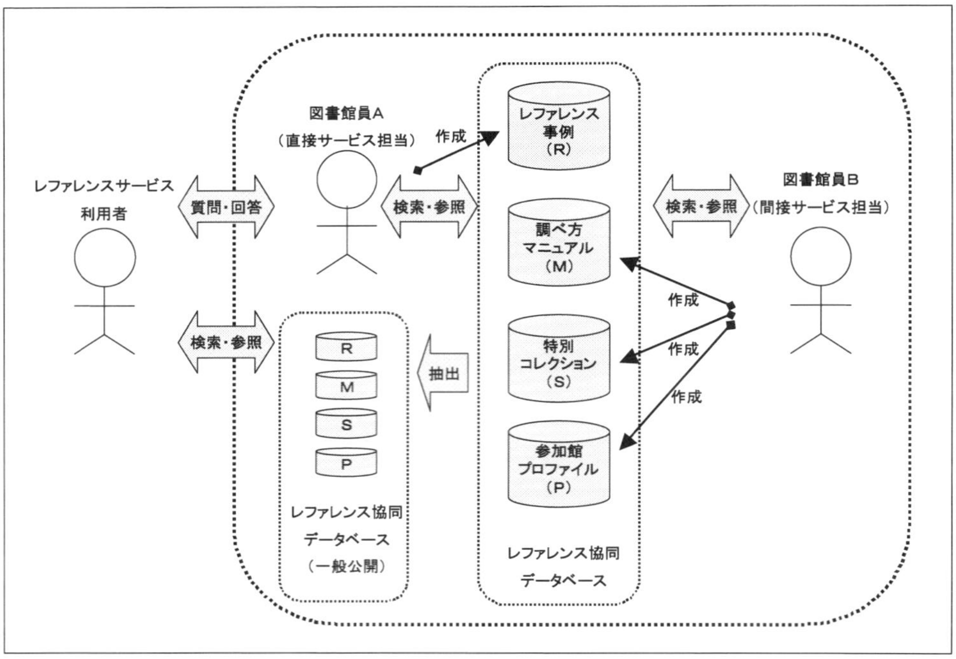

▰▰▰ ［詳細解説］▰▰▰

◆ 4つのデータベースの関係

　4つのデータベースは、図1「データベースと利用者・図書館員の関係」に示すような関係があります。

　レファレンス事例データは、レファレンスサービスの質問回答サービスの記録ですが、これが蓄積されることによって、特定主題に関する調べ方が厚みを増します。その結果、調べ方マニュアルデータの形成につながります。また、特別コレクションは、質問回答サービスにおいて、特徴あるコレクションを参照する必要が生じた際の情報源として位置付けられます。さらに、レフェラルサービスの対象となる類縁機関の情報源として参加館プロファイルデータが位置付けられます。

⇒　関係する資料

　付録資料1『レファレンス協同データベース標準フォーマット（データ作成者のための簡易マニュアル）』では、4つのデータベースを構成する各項目の、記入すべき内容や記入上の注意、記入の必要性等を解説しています。

　各項目に記入すべき内容やその役割を理解した上で、参加館では、それぞれのレファレンスサービスの性格やデータの管理方法を踏まえ、どのような項目を記入するか、またどのように記入するのか、作成者間で意識を統一しておく必要があります。それゆえ、参加館は自館の方針を踏まえ、付録資料1『レファレンス協同データベース標準フォーマット（データ作成者のための簡易マニュアル）』を参考に、独自にマニュアルを用意するとよいでしょう。

2.2　レファレンス協同データベースには、どのような用途があるか

2.2.1　レファレンス事例データには、どのような用途があるか

（略）

2.2.2　調べ方マニュアルデータには、どのような用途があるか

(1)　参加館にとっての用途

➢ 情報源としての利用

　類似の質問が寄せられた場合、それに対する調べ方（利用方法）を案内する際の情報源として利用できます。

➢ 研修のための利用

　レファレンスサービス、とりわけ質問回答サービスの研修において、調べ方の知識や

技術を修得するための教材として利用できます。

- ➤ **サービスの改善のための利用**
  自館での調べ方の問題点を発見したり、利用者への説明の仕方を改善したりすることに利用できます。
- ➤ **広報のための利用**
  参加館の利用案内（利用指導）や情報リテラシー教育の説明資料として利用できます。説明は、利用者に対してばかりではなく、設置母体の関係者に対しても行えます。

(2) 一般利用者にとっての用途

一般利用者にとっては、自分で情報又は資料を調べる際に、その道筋を示した資料として活用することができます。

(3) 図書館情報学教育に携わっている者にとっての用途

調べ方を教育する際の教材として活用することができます。

2.2.3　特別コレクションデータには、どのような用途があるのか

（略）

2.2.4　参加館プロファイルデータには、どのような用途があるか

（略）

第3章　データを作成するために

3.2　調べ方マニュアルデータは、どのように作成するか

  3.2.1　データ・フォーマットは、どのような構造となっているか
  3.2.2　データのもとになる情報には、何があるか
  3.2.3　中核的な情報は、どのように作成するか
  3.2.4　付加的な情報は、どのように作成するか
  3.2.5　作成したデータを、どのように点検するか

3.2 調べ方マニュアルデータは、どのように作成するか

3.2.1 データ・フォーマットは、どのような構造となっているか

調べ方マニュアルデータは、調べ方マニュアルデータ・フォーマットに示すように、11の項目から構成されています。またこれ以外に、画像を添付することができます。調べ方マニュアルは、参加館それぞれの刊行物やホームページで、公開していることが多く、多様な形態で作成されています。そのため、データ・フォーマットは比較的シンプルな構造となっています。

これらの項目は、調べ方に関する情報を記述する中核的な情報と、それらを効果的に検索し、利用するために必要な情報を記す付加的な情報に大別することができます。

図5 調べ方マニュアルデータの構造

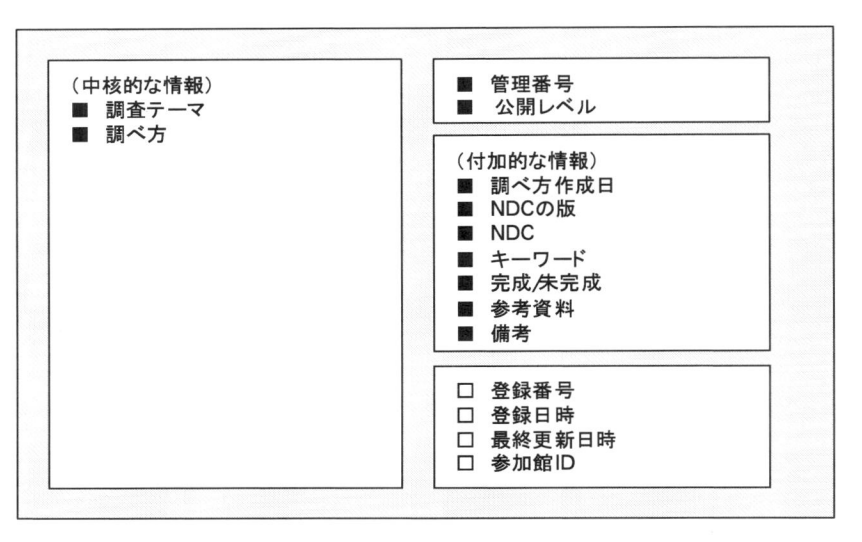

```
（中核的な情報）              ■ 管理番号
■ 調査テーマ                  ■ 公開レベル
■ 調べ方
                              （付加的な情報）
                              ■ 調べ方作成日
                              ■ NDCの版
                              ■ NDC
                              ■ キーワード
                              ■ 完成/未完成
                              ■ 参考資料
                              ■ 備考

                              □ 登録番号
                              □ 登録日時
                              □ 最終更新日時
                              □ 参加館ID
```

（注）項目中、「管理番号」については、調べ方マニュアルデータを適切に管理するため、参加館ごとに体系を決定する必要があります。調べ方マニュアルデータの作成に取り掛かる前に、あらかじめ決定してください。

⇒ **関係する資料**

調べ方マニュアルデータ・フォーマットについては付録資料1『レファレンス協同データベース標準フォーマット』を参照してください。

システムの操作方法については、『レファレンス協同データベース・システム利用マニュアル』及び『調べ方マニュアルデータ入力用ワークシートマニュアル』を参照してください。

3.2.2 データのもとになる情報には、何があるか

調べ方マニュアルデータの作成のもととなる情報源は、そのテーマの入門書や基本的な図書、専門事（辞）典、百科事典、時事用語辞典、ハンドブック、主題書誌、索引、抄録誌、参考文献リスト、雑誌、最新動向レビュー、会議録、統計情報、その他の索引、他館OPAC、ウェブ情報、出版情報等、あらゆるものが情報源となります。また、レファレンス協同データベースに登録されているレファレンス事例データや他の調べ方マニュアルデータも有力な情報源となります。

図6　データ作成の情報源と調べ方マニュアルデータの関係図

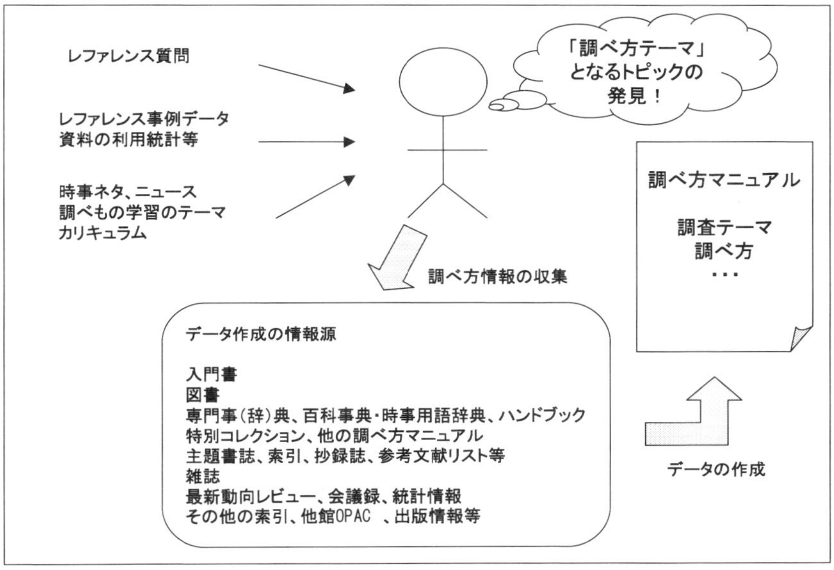

（注）このガイドラインにおいて、調べ方マニュアルデータを作成することとは、これらの情報源を幅広く確認し、想定利用者別に、選定し、解説することを意味します。

調べ方マニュアルデータは、特定のテーマ、トピックに関する調べ方を、特定の利用者グループのために編集した付加価値の高い情報です。データの作成にあたっては、「何について」、「誰のために」作成するのかを意識し、情報源を十分な時間をかけて幅広く確認し、評価することが必要となります。

各参加館では、調べ方マニュアルの作成の目的とその用途を確認し、どのようなテーマについて、作成に取り組んでいくのか、方針を決定する必要があります。

3.2.3 中核的な情報は、どのように作成するか

調べ方マニュアルデータの項目のうち、調べ方に関する中核的な情報は、「調査テーマ」「調べ方」に記入されます。

(1) 調査テーマを決定する

調べ方マニュアルの作成にあたっては、まず、テーマを設定し、「調査テーマ」に記入します。

このテーマの設定にあたっては、利用者の情報ニーズの分析に基づいて、一定量の情報ニーズがあったもの、又は今後見込まれるものを取り上げます。このため、情報ニーズの分析には、すでに登録されているレファレンス事例データや、参加館で保持している各種の利用統計等を総合的に利用します。また地域の学校の調べもの学習のテーマや、大学のカリキュラムや課題、時事的なニュース等も、今後参加館に寄せられる情報ニーズの把握には欠かせない情報源となります。

(2) 情報の整理を行う

設定した調査テーマの調べ方をまとめるために必要な情報を収集します。この情報の収集にあたっては、検索語の調査が重要になります。件名標目表やシソーラス等を活用しながら、検索語を決定し、3.2.2で解説した情報源から、適切な情報を収集し、整理していきます。

(3) 適切な情報を選定し、作成する

収集した情報について、誰のための調べ方マニュアルなのかを意識しながら、選定し、再整理し、「調べ方」として記入します。

3.2.4 付加的な情報は、どのように作成するか

データの核となる項目の記入に続いて、これらの内容を付加する情報を記入します。

調べ方マニュアルデータの検索を支援するため、「調べ方作成日」「NDC」「キーワード」「完成／未完成」を付与します。これらの項目を付与することにより、次のような検索を行うことが可能となりますので、できる限り登録してください。

(1) 時間を明らかにする

最初に、「調べ方作成日」を記入します。これは、最初に調べ方マニュアルが作成された年月日であり、記入されている内容が、どの時点における結果であるのかを明示するものとなります。「調べ方作成日」は、データの活用や維持管理を考える上で重要な項目です。

❖ポイント

システム自動付与項目の「登録日時」「最終更新日時」により、調べ方マニュアルデータをデータベースに登録した日時、最後に更新した日時は、管理されています。

(2) 主題を明らかにする

調べ方マニュアルデータの検索を支援するため、「NDC」「キーワード」「完成／未完成」を付与します。これらの項目を付与することにより、次のような検索を行うことが可能となりますので、できる限り記入してください。

➢ 「NDC」

主題別に検索することが可能になります。

➢ 「キーワード」

広範な情報を取り扱う多数の調べ方マニュアルの中から適切な調べ方マニュアルを見つけるため、重要な項目です。各種の件名標目表やシソーラスを参考にしつつ、適切な検索語を付与することが必要です。

➢ 「完成／未完成」

調べ方が完成しているのか又は未完成なのかに応じた絞り込み検索が可能となり、用途に応じた活用を促すことができます。

❖ポイント

データを利用する者を明確に想定できる場合には、「備考」にその情報を記載することを推奨します。

また、調べ方マニュアルは、参加館それぞれの刊行物やホームページで、表示方法やレイアウト等を工夫し、公開しているケースが多くあります。これらの情報は、「備考」に記入するか、画像の添付機能を用いてPDF形式のデータを公開することを推奨します。

⇒ 関係する資料

作成のプロセスについては、付録資料4『データの質を高めるための道しるべ』を参照してください。

3.2.5 作成したデータを、どのように点検するか

作成したデータの公開レベルの設定については、参加館が行います。公開レベルの決定については、第4章を参照してください。

作成したデータは、公開前に記入内容を点検します。点検においては、次のことを改めて確認してください。

(1) 記載項目

　　データの内容が、データベースの用途に合致した活用をされるために、必要十分な記述がされているかを点検します。

(2) 参加規定

　　データの内容が、参加規定に反していないか点検します。まず、個人情報が記載されていないか、確認してください。次に、公序良俗に反していないかどうか、確認してください。最後に、著作権法に抵触していないかどうか、精査してください。とりわけ、「調べ方」の中には、情報源の書誌データが記されることが多いと予想されるので、著作者人格権を尊重し、所定の書式に従って記入する必要があります。また、「調べ方」に関わって、著作物の大半にわたるような大量の引用をしてはなりません。さらに、画像を添付する場合には、著作権法に抵触していないかどうか、慎重に検討する必要があります。こうした点は、「自館のみ参照」として登録する場合でも、点検が必要です。

(3) 誤記

　　データの内容に、誤った情報が記載されていないか点検します。

第4章　データを公開するために

4.1　公開にあたって知っておくべきことは何か

  4.1.1　公開するために注意すべきことを確認する
  4.1.2　公開レベルの構造を理解する

4.2　公開してはならないデータとは何か

  4.2.1　プライバシーを尊重する
  4.2.2　質問者の特定化を避ける
  4.2.3　表現に注意する

4.3　公開の条件とはどのようなものか

  4.3.1　参加館公開の条件を知る
  4.3.2　一般公開の条件を知る

4.1 公開にあたって知っておくべきことは何か

4.1.1 公開するために注意すべきことを確認する

データを公開するにあたっては、データの最低限の質を確保する必要があります。そのためには、次のことに対して理解する必要があります。
- 公開してはならないデータを知ること
  ⇒ 公開してはならないデータとはどのようなデータであるのか、4.2の説明で理解します。
- 公開レベルの条件を知ること
  ⇒ 公開レベルを選択する際の目安や条件を、4.3の説明で理解します。

これらのことを理解する前提として、公開の意義、公開の条件及び公開に伴う責任について、確認する必要があります。

> ⇒ **関係する資料**
> 第4章の記述内容については、付録資料3『レファレンス協同データベース・データ公開基準(一覧表)』も併せて参照してください。

(1) 公開の意義

レファレンス協同データベースを公開することは、参加館のレファレンスサービスの向上に資するとともに、利用者や図書館情報学の研究者にとって有用な情報源の提供につながります。さらに、図書館で行われている専門的な業務のコアに位置付けられるレファレンスサービスの存在を広く国民に示す機会ともなります。レファレンスサービスの存在価値を広めるためには、まず利用してもらうことが一番であるという意見をしばしば耳にします。それゆえ、多くのデータを公開し、レファレンスサービスとして、どのような活動が行われているかを示すことは、レファレンスサービスを発展させるための有効な手段でもあると考えられます。

レファレンス協同データベースでは、それぞれのデータについて、公開範囲を、「参加館公開」又は「一般公開」に設定することができますが、公開の意義を踏まえて、作成したデータは、できる限り「一般公開」とすることが望まれます。

(2) 公開の条件

公開の条件を満たしている場合、データは、それぞれの公開レベルにおける質を確保していることが必要になります。ただし、この条件は、データを公開するための最低限のものです。それゆえ、さらに質の高いデータを作成することを目指す場合には、第5章を参考にしてください。

(3) 公開に伴う責任

公開したデータの内容に対する責任は、各参加館が持つことになります。また、データの維持管理にも配慮することが求められます。公開に対する責任を十分に果たすために、各参加館では、次のことが重要となります。

➢ 体制づくり

レファレンスサービスの現在の組織や人員等の状況を点検し、この事業への取り組みが可能になるような体制づくりが求められます。

➢ 規程類の整備

4.2以下に示した目安、条件、留意点等に基づいて、自館のレファレンスサービスの方針や規程等を見直したり、新たに策定したりすることが望まれます。

4.1.2 公開レベルの構造を理解する

レファレンス事例データ、調べ方マニュアルデータ、特別コレクションデータを公開しようとする場合、「参加館公開」又は「一般公開」のいずれかを選択することができます。

(1) 参加館公開

作成したデータの中で、一定の条件を満たしているデータを、「参加館公開」とすることができます。条件は、4.3.1に示しています。

(2) 一般公開

「参加館公開」とすることができるデータの中で、さらに所定の条件を満たしているデータを、「一般公開」とすることができます。条件は、4.3.2に示しています。

(3) 自館のみ参照

次のようなデータは、参加規定に反していない限り、「自館のみ参照」として、データベースに登録することができます。

➢ 「参加館公開」の条件を満たしていないデータ
➢ 「参加館公開」の条件を満たしているが、参加館の方針や規程との関係で、公開しないと判断したデータ

▰▰▰ ［詳細解説］▰▰▰

参加館の方針や規程との関係で、「自館のみ参照」と判断するデータには、次のようなものが該当すると考えられます。

(1) 現時点で作成されているデータの表現や書式をさらに整えてから公開しようと判断し

ている場合
(2) レファレンス事例データ並びに調べ方マニュアルデータにおいて、「参加館公開」又は「一般公開」とされていたデータを新しいものに差し換えたときに、古いデータを残す場合
(3) レファレンス事例データにおいて、十分な調査が行われなかったり、未解決であったりする場合で、さらに自館で調査を進めてから公開しようと判断している場合

4.2 公開してはならないデータとは何か

4.2.1 プライバシーを尊重する

レファレンス事例データ、調べ方マニュアルデータ、特別コレクションデータのいずれにおいても、個人のプライバシーを尊重することが必要です。記載されるデータ中に、個人名が記されていないことを確認する必要があります。ただし、個人名といっても、歴史上の人物及び社会的に著名な人物である場合は、この限りではありません。

4.2.2 質問者の特定化を避ける

（略）

4.2.3 表現に注意する

データを公開する際には、記入する文章や語句の表現が次のものに相当していないかどうか確認し、必要に応じて修正したり、削除したりすることが必要です。

- 差別的な表現が使用されている場合
- 誹謗・中傷に相当する表現が使用されている場合
- わいせつな表現が使用されている場合
- その他、読み手に不快な念を与える表現であると判断される場合

［詳細解説］
◆質問者が特定されやすい質問
質問者の特定を避けるため、次のような質問には、注意を要します。
(1) 公立図書館における庁内からのレファレンス質問

(2) 大学図書館における学内部署や教員からのレファレンス質問
(3) 各図書館における医療関係のレファレンス質問
(4) 特定地域の学校からの質問のように、狭いコミュニティでのレファレンス質問

◆プライバシー及び質問者の特定化に対する考え方

特定個人のプライバシーに関するレファレンス質問は、受け付けないのが一般的です。しかし、質問者の親族に関する質問等、一部例外があります。こうした場合や質問者個人が特定される可能性がある場合でも、レファレンス事例データとしての質が高かったり、他に代えることのできない貴重なものであったりする際には、質問者が特定されないよう質問内容等を工夫し、公開することができます。また、質問者個人が特定される可能性がある場合には、公開に関する意思確認を質問者に対して行い、同意を得ておくというやり方もあります。なお、同意を得て公開した場合には、その旨を備考に記すことが望まれます。

この問題と関係することとして、公務員の守秘義務について、確認をしておく必要があります。公務員の守秘義務は、地方公務員法34条、国家公務員法100条に規定されています。図書館利用者の質問は、職務上知り得た秘密の一部でもあることから職務の一環に明確に位置付けられている場合を除き、みだりに他者に広めるべきものではありません。しかし、レファレンス事例データとして作成し、一般公開することは、質問者が特定されない限りにおいて、しかも、職務の一環として使用するという限定的かつ明確な目的に沿った場合であるので、法的な問題は生じません。ただし、守秘義務との関係については、十分に理解しておくことが必要です。

4.3 公開の条件とはどのようなものか

4.3.1 参加館公開の条件を知る

(1) **レファレンス事例データ**

（略）

(2) **調べ方マニュアルデータ、特別コレクションデータ、参加館プロファイルデータ**

参加館が、調べ方マニュアルデータ、特別コレクションデータ、参加館プロファイルデータを、他の参加館に公開しようとする場合には、下記の条件すべてを満たしていることが求められます。1つでも条件を満たしていない場合には、「参加館公開」とすることができません。

① 個人のプライバシーが尊重されていること

② 差別表現等の点で問題がないこと

　　　※ポイント

　　参加館プロファイルデータは、公開レベルを「自館のみ参照」とすることはできません。必ず、「参加館公開」又は「一般公開」としてください（ガイドライン4.3.2参照）。

[詳細解説]

◆積極的な参加館公開

作成したデータが次のような場合でも、条件を満たしているならば、「自館のみ参照」とせず、積極的に「参加館公開」にすることが望まれます。

➢ **作成されたデータが、表現や書式の点で不十分であり、中間段階のものである場合**
中間段階でも、参加館に示して十分に役立つことがあります。

➢ **レファレンス事例データにおいて、未解決である場合**
他の参加館からコメントが得られることがあります。

4.3.2　一般公開の条件を知る

(1) レファレンス事例データ

　　　　　　　　　　　（略）

(2) 調べ方マニュアルデータ

参加館が調べ方マニュアルデータを一般公開しようとする場合には、4.3.1に示した参加館公開の条件に加えて、次の①から③の条件を満たしていることが求められます。

① 中核的な情報が記入されていること
② 「調べ方作成日」が記入されていること
③ 過去の事例の場合、現在でも内容が適切であると判断できること

(3) 特別コレクションデータ

　　　　　　　　　　　（略）

(4) 参加館プロファイルデータ

　　　　　　　　　　　（略）

[詳細解説]

(1) レファレンス事例データ

（略）

(2) 調べ方マニュアルデータ

◆**積極的な一般公開**

下記のような調べ方マニュアルデータに関しては、積極的に一般公開することが望まれます。

- 図書館の利用案内（指導）や情報リテラシー教育の特徴を表すものと判断される場合
- 参加館独自の調べ方であると判断される場合
  （例）公立図書館ならば、地域に関係する内容の調べ方であったり、大学図書館や専門図書館ならば、かなり特化したテーマに関する調べ方であったりする場合
- 調べ方が優れており、一般利用者の役に立つと考えられる場合
- 調べ方が優れており、図書館情報学教育の教材になると判断される場合
- すでに他の参加館から一般公開されているデータと同一又は類似の内容を取り扱っている場合

(3) 特別コレクションデータ

（略）

第5章 データの質をさらに高めるために

5.1 データの質を高め、維持するポイントを知る

   5.1.1 レファレンス事例データの質を高めるポイントは何か
   5.1.2 調べ方マニュアルデータの質を高めるポイントは何か

5.1 データの質を高め、維持するポイントを知る

5.1.1 レファレンス事例データの質を高めるポイントは何か

(略)

5.1.2 調べ方マニュアルデータの質を高めるポイントは何か

(1) データ作成上の配慮
- データを作成する際には、複数の担当者で確認することが必要です。特に、4.3に記した条件が満たされているかどうかについては、特に慎重に対応する必要があります。
- 調べ方を読むことによって、どのような手順で調査を行うことが効果的か、容易に辿ることができるかどうかを目安にし、記載内容の点検を行います。

(2) データ記入上の工夫
- 調べ方は、記載する内容が長くなることがあります。記載が長くなるような場合には、注を付与して本文を簡潔にしたり、記載内容を箇条書きにしたり、適宜工夫をし、読みやすくなるようにします。
- 各データの項目の意義を理解し、適宜、書き分けることが必要です。

(3) 表記に対する配慮
- 図書館の専門用語、慣用表現、省略形を安易に用いないようにします。仮に用いる必要がある場合にも、前後の文脈から、定義や概念が類推できるように、簡略な説明を加えて記載します。
- 読みが難しい人名や地名、その他の固有名には、読み（かな）を補記します。特定することが難しい人名や地名には、生没年や職業、都道府県名等を補記します。
- 外国語を訳出して記載する場合は、原綴を付記します。また、外来語として定着していないカナ表記にも、原綴を補記するとよいでしょう。さらに、一般に使用されない頭字語や省略語には、原綴の完全形（フル表記）を添えます。
- 外国人名をカナ表記する場合には、原綴を付記します。

(4) 質の保持への努力
- 参加館において質が高いと考えるデータや、公開することによってレファレンスサービスを強くアピールすると判断したデータは、定期的に点検し、必要に応じて改善します。
- 調べ方マニュアルデータは、作成後、一定の時間が経過した場合、情報源の再確認が必要です。データを見直し、冊子体の情報源の改訂、ウェブ情報源のURLの変更等を点検し、必要に応じて、データを改善します。

付録資料1　レファレンス協同データベース標準フォーマット
（データ作成者のための簡易マニュアル）

(2)　調べ方マニュアルデータ・フォーマット（一覧表）

(2) 調べ方マニュアルデータ・フォーマット（一覧表）

■検索項目について
○：単独検索項目　△：絞込検索項目　×：対象外
※前方一致検索の場合には(前方)、完全一致検索の場合には(完全)と注記しています。

No	標準フォーマット (Ver1.0)			現行システム (Ver1.3) での活用方法			簡易マニュアル	
	項目名	区分	項目の説明	簡易検索項目	詳細検索項目	その他の利用方法	記入理由（データベースの品質向上の観点から）	記入方法に関する参照情報
1	調べ方テーマ	必須	調べ方マニュアルのタイトル	○	○			『事例データ作成公開に関するガイドライン(3.2.3)』
2	公開レベル	必須	"自館のみ参照"、"参加館公開"、"一般公開"から選択	△	△	公開範囲の決定 一覧表示画面におけるデータの並び替え機能		『事例データ作成公開に関するガイドライン(4)』
3	管理番号	必須	各参加館が独自に設定した事例管理番号	×	○(前方)	一覧表示画面におけるデータの並び替え機能		『レファレンス協同データベース項目別記入方法解説』
4	調べ方	必須	調べ方の内容	○	○			
5	調べ方作成日	任意	参加館が調べ方マニュアルを作成した日 年は西暦、和暦とも可／日付が登録されていないものや、表記が正しくないものは不可	×	○	一覧表示画面におけるデータの並び替え機能	データ記載内容が、どの時点における事実であるかを明確にするため ※データの記載内容が変更された場合には、更新情報を適切な項目（「備考」等）に明記する。	『事例データ作成公開に関するガイドライン(3.2.3)』
6	完成、未完成	任意	調べ方マニュアルが完成したか、未完成で現在作成中か	×	△		完成か未完成かによりデータを絞り込むため	『レファレンス協同データベース項目別記入方法解説』
7	キーワード	任意	調べ方マニュアルの中心的な内容や主要な概念を表現している語 フリーキーワード（件名標目等の統制語を使用してもよい）／複数登録可	○	○		主題により検索できるようにするため	『事例データ作成公開に関するガイドライン(3.2.4)』
8	NDCの版	任意	「NDC」を付与する際使用した『日本十進分類法』の版	×	×		NDCにより検索できるようにするため	
9	NDC	任意	調べ方マニュアルの主題分類を示す日本十進分類法の分類番号 3桁（要目表）を基本とするが、1桁、2桁での入力も可	×	○(前方)		主題により検索できるようにするため	『レファレンス協同データベース項目別記入方法解説』

付－22

		標準フォーマット (Ver1.0)			現行システム (Ver1.3) での活用方法			簡易マニュアル	
No	項目名	項目内容	区分	項目の説明	簡易検索項目	詳細検索項目	その他の利用方法	記入理由（データベースの品質向上の観点から）	記入方法に関する参照情報
10	参考資料	調べ方マニュアルを作成するにあたって、参考とした情報源	任意	参考にしたレファレンス情報源、レファレンス資料、レファレンスツールなど／複数登録可	○	○		調べ方の記載内容を明確にするため	『レファレンス協同データベース項目別記入方法解説』
11	備考	自由記入欄（補足事項）	任意	内容は公開可能なものであること	○	○			
12	関連画像	データに関する画像	任意	画像形式：「PDF」「PNG」「GIF」「JPEG」「JPG」 画像サイズ：1画像あたり300Kbyteまで 画像数：1データあたり5つまで	×	×		調べ方が、すでに刊行物やホームページで公開されている場合、レイアウトなどの工夫が分かるようにPDF形式で掲載することを推奨する	
13	登録番号	データの固有ID	自動付与		×	○（完全）			
14	登録日時	データがシステムに登録された日時	自動付与		×	○			
15	最終更新日時	データがシステム上で最後に更新された日時	自動付与		×	○	一覧表示画面におけるデータの並び替え		
16	提供館コード	データを提供した参加館のコード番号	自動付与	参加館プロファイルと関連付けされている	×	○（完全）	提供館名での検索も可能（中間一致）		

付録資料2　レファレンス協同データベース項目別記入方法解説

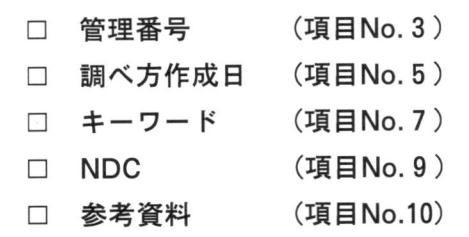

調べ方マニュアルデータ
- ☐ 管理番号　　　　（項目No.3）
- ☐ 調べ方作成日　　（項目No.5）
- ☐ キーワード　　　（項目No.7）
- ☐ NDC　　　　　　（項目No.9）
- ☐ 参考資料　　　　（項目No.10）

　この付録資料では、レファレンス協同データベース標準フォーマットの項目中、特に解説が必要な項目についてとりあげています。

（調べ方マニュアルデータ）

項目No.3　管理番号

No.	項目名	項目内容	区分	項目の説明	現行システム（Ver1.3）での活用方法			記入理由（データベースの品質向上の観点から）
					簡易検索項目	詳細検索項目	その他の利用方法	
3	管理番号	各参加館が独自に設定した事例管理番号	必須	最大で全角15文字（30バイト）以内	×	○（前方一致）	一覧表示画面におけるデータの並び替え機能	

【詳細解説】

　「管理番号」は、各館で、データの管理をデータ単位で行うための項目です。各参加館内で、自館の事例データを一意に特定できるように番号体系を定めてください。

⇒ポイント
- 自館データ内で同一の番号を付与することはできません。ただし、他の参加館の定める管理番号と同じになってもシステム上は問題ありません。
- 使用可能な文字長は、全角15文字（30バイト）以内です。
- 検索（詳細検索）においては、前方一致となります。

【記入例】

　A図書館として、Aa中央館、Ab分館、Ac分室が調べ方マニュアルデータの作成を別々に行う場合には、以下のような管理番号を定めることができます。

　　Aa中央館が作成するデータ　→　「Aa-人文社会-20050001」
　　Ab分館が作成するデータ　　→　「Ab-自然科学-20050001」
　　Ac分室が作成するデータ　　→　「Ac-郷土-20050001」

　　※　分館、資料室あるいはカウンターごとに管理番号を定めたり、「-」（半角のハイフン）などを用いて、識別しやすいよう工夫したりすることが有効です。

（調べ方マニュアルデータ）

項目No.5　調べ方作成日

No.	項目名	項目内容	区分	項目の説明	現行システム（Ver1.3）での活用方法			記入理由（データベースの品質向上の観点から）
					簡易検索項目	詳細検索項目	その他の利用方法	
5	調べ方作成日	参加館が調べ方マニュアルを作成した日	任意	年は西暦、和暦とも可／「日」が登録されていないものや、表記が正しくないものは不可	×	○	一覧表示画面におけるデータの並び替え機能	データ記載内容が、どの時点における事実であるかを明確にするため ＊データの記載内容が変更された場合には、更新情報を適切な項目（「備考」等）に明記する。

【詳細解説】

　「調べ方作成日」は、調べ方マニュアルデータが最初に作成された年月日であり、記入されている内容が、どの時点における結果であるのかを明示するものです。「調べ方作成日」は、データの活用や維持管理を考える上で、重要な項目です。

　一度登録した調べ方マニュアルデータについて、その後の調査で判明した内容を追記した場合又は事後調査に基づいて修正した場合には、追記や修正がいつ行われたのかわかるように、「調べ方」「備考」など、適切な項目に記入します。

⇒ポイント
- フォーマットは、西暦（YYYY年MM月DD日形式）で登録することを推奨します。
- 西暦（YYYY年MM月DD日形式）で登録することで、並べ替え機能が使えるようになります。
- 登録アプリケーションで一括登録する場合において、システムに備わっている日付フォーマットの変換機能の対象となるフォーマット（別表参照）であれば、西暦（YYYY年MM月DD日形式）以外であっても自動的に変換され、並べ替え機能が使えます。ただし、表示は元のデータのままとなりますので、西暦（YYYY年MM月DD日形式）で登録することを推奨します。

【補足】

　レファレンス協同データベース・システムでは、調べ方マニュアルデータの登録及び更新を、自動的に管理しています。これらの情報は、「登録日時」、「最終更新日時」として確認することができます。

別表

No.	日付データの例	入力の可否	備考
1	2002/12/31	可	
2	2003.3.13	可	
3	1999年12月30日	可	
4	2001年3月3日	可	
5	S62.10.1	可	
6	平成13年11月11日	可	
7	H15年5月05日	可	
8	２００１．１１．２	可	
9	Ｈ１４－０１－３	可	
10	19990802	可	
11	2002/11	不可	⇒「日」が無い
12	平成15年5月	不可	⇒「日」が無い
13	1999092	不可	⇒「日」は2桁必要
14	2005331	不可	⇒「月」は2桁必要
15	西暦2000年5月15日	不可	⇒「西暦」が変換対象外
16	昭和60年10/15	不可	⇒区切り文字が統一されていない
17	2000.2.30	不可	⇒2月は30日が無い
18	S65.12.20	不可	⇒昭和に65年は無い
19	03/12/20	不可	⇒西暦の場合は4桁の「年」、和暦であれば年号が必要
20	2002.12/20	不可	⇒区切り文字が統一されていない

（調べ方マニュアルデータ）
項目No.7　キーワード

No.	項目名	項目内容	区分	項目の説明	現行システム（Ver1.3）での活用方法			記入理由（データベースの品質向上の観点から）
					簡易検索項目	詳細検索項目	その他の利用方法	
7	キーワード	調べ方マニュアルの中心的な内容や主要な概念を表現している語	任意	フリーキーワード（件名標目等の統制語を使用してもよい）/複数登録可	○	○		主題により検索できるようにするため

【詳細解説】

　「キーワード」は、調べ方マニュアルデータの取り扱っている中心的な内容や主要な概念を表現している語を記入する項目です。その調べ方マニュアルデータがどのようなことを調べている人に役立つのかを考え、取り扱っている中心的なトピックやテーマを表す語を、「キーワード」として付与してください。件名標目等の統制語を使用しても良いですが、フリーキーワードでも構いません。

【記入例】

　「キーワード」に登録される主な語は、下記に該当するようなものがあります。「調査テーマ」に含まれている語をそのまま使用しても構いません。

・調べ方マニュアルが取り扱っている重要な人名、地名、団体名、作品名などの固有表現。
　（具体例）大阪府
　　※　大阪の統計情報の調べ方についてまとめた調べ方マニュアルデータに対する「キーワード」の1つとして、「大阪府」という地名を掲載している例。

・調べ方マニュアルデータが取り扱っている重要な専門用語。
　（具体例）牛海綿状脳症、狂牛病、Mad Cow Disease
　　※　牛海綿状脳症（BSE）関係の欧文雑誌論文の調べ方についてまとめた調べ方マニュアルデータに対する「キーワード」として、俗称の狂牛病、Mad Cow Diseaseを補って登録している例。

・調べ方マニュアルが取り扱っているテーマ、トピックの同義語、上位語（広義）、下位語（狭義）などで、検索に利用されそうな言葉。
　（具体例）新聞、雑誌
　　※　逐次刊行物の調べ方についてまとめた調べ方マニュアルデータに対する「キーワード」として、狭義の言葉を補って登録している例。

(調べ方マニュアルデータ)

項目No.9　NDC

No.	項目名	項目内容	区分	項目の説明	現行システム（Ver1.3）での活用方法			記入理由（データベースの品質向上の観点から）
					簡易検索項目	詳細検索項目	その他の利用方法	
9	NDC	調べ方マニュアルの主題分類を示す日本十進分類法の分類番号	任意	3桁(要目表)を基本とするが、1桁、2桁での入力も可	×	○(前方一致)		主題により検索できるようにするため

【詳細解説】

　「ＮＤＣ」には、調べ方マニュアルデータの主題分類を示す、日本十進分類法の分類番号を付与します。その調べ方マニュアルデータがどのようなことを調べている人に役立つのかを考え、取り扱っている中心的な主題分類を「ＮＤＣ」で付与してください。

⇒ポイント
- 現行システム（Ver1.3）で登録できる「NDC」は1つです。*
- 現行システム（Ver1.3）で登録できるのは、3桁までです。
- 検索（詳細検索）においては、前方一致となります。

【補足】

　現行システム（Ver1.3）では、「ＮＤＣ」を複数登録すること、また4桁以上登録することができません。複数登録する又は4桁以上登録することが、必要な場合は、「備考」に「NDC副出：○○○」、「NDC：○○○．△△△」等と記入してください。

＊注：２００７年６月６日から、NDCは３つまで登録できるようになりました。

（調べ方マニュアルデータ）

項目No.10　参考資料

No.	項目名	項目内容	区分	項目の説明	現行システム（Ver1.3）での活用方法			記入理由（データベースの品質向上の観点から）
					簡易検索項目	詳細検索項目	その他の利用方法	
10	参考資料	調べ方マニュアルを作成するにあたって、参考とした情報源	任意	参考にしたレファレンス情報源、レファレンス資料、レファレンスツールなど／複数登録可	○	○		調べ方の記載内容を明確にするため

【詳細解説】

　「参考資料」は調べ方マニュアルデータを作成するにあたって参考とした情報源を記載します。

【記入例】

- 作成にあたり、レファレンス協同データベースに登録されている他の調べ方マニュアルを参考にした場合

　歌詞を調べるには ／ レファレンス協同データベース ／ 提供館：国立国会図書館 ／ 登録番号：2000000563 ／ 最終更新日時：2005/09/01

※　記入方法については、レファレンス事例データの「参考資料」の記入方法を参照してください。

付録資料3　レファレンス協同データベース・データ公開基準（一覧表）

区分	※登録条件 （ガイドライン 3.1.5）	参加館公開の条件 （ガイドライン 4.3.1）	一般公開の条件 （ガイドライン 4.3.2）
レファレンス事例データ	・個人情報が記載されていないこと ・公序良俗に反していないこと ・著作権法に抵触していないこと	①個人のプライバシーが尊重されていること ②質問者の特定につながる恐れがないこと ③差別表現等の点で問題がないこと	①中核的な情報が記されていること ②記載内容に関する典拠となる情報源（出典、照会先、寄与者等）が適切な記載方法で記入されていること ③「事例作成日」が記入されていること ④歴史上の人物や著名人に関する事例の場合に、公開された確かな情報源に基づいており、かつ、個人情報に対する配慮がなされていること ⑤過去の事例の場合、現在でも内容が適切であると判断できること ⑥未解決事例の場合、調査のプロセスが記入されていること
調べ方マニュアルデータ		①個人のプライバシーが尊重されていること ②差別表現等の点で問題がないこと	①中核的な情報が記されていること ②「調べ方作成日」が記入されていること ③過去の事例の場合、現在でも内容が適切であると判断できること
特別コレクションデータ		①個人のプライバシーが尊重されていること ②差別表現等の点で問題がないこと	中核的な情報が記されていること
参加館プロファイルデータ		①個人のプライバシーが尊重されていること ②差別表現等の点で問題がないこと	自館のレファレンス事例データ、調べ方マニュアルデータ、特別コレクションデータのいずれか1つでも「一般公開」としている場合は、一般公開すること

付録2　レファレンス協同データベース事業の事業概要と経過

　レファレンス協同データベース事業は、公共、大学、専門図書館等と国立国会図書館が、図書館のレファレンス業務と一般利用者の調査研究活動を支援するために行っている協同事業です。平成14年度から平成16年度までの実験期間を経て、平成17年度から本格事業化し、同年12月には一般公開されました。平成19年6月末現在、参加館数は442館、登録データ数は26,000件を超え、データベースの充実に伴い、アクセスも月に約5～6万件程度に伸びています。

　レファレンス協同データベースは、4種類のデータから構成されています。

　また、データの公開レベルは一般公開レベル、参加館公開レベル、自館のみ参照レベルと3つあり、データ提供館が各データの公開レベルを選択することができます。（参加館プロファイルを除く）。

表1　レファレンス協同データベースデータ登録数（平成19年6月末現在）

データ種別		公共	大学	専門、その他	NDL	合計
レファレンス事例		20,279	1,802	1,979	922	24,982
	一般公開	10,666	1,439	1,640	714	14,459
	参加館公開	5,713	210	301	2	6,226
	自館参照	3,900	153	38	206	4,297
調べ方マニュアル		174	53	74	272	573
	一般公開	110	39	70	127	346
	参加館公開	26	11	1	0	38
	自館参照	38	3	3	145	189
特別コレクション		187	33	2	15	237
	一般公開	115	18	2	15	150
	参加館公開	69	5	0	0	74
	自館参照	3	10	0	0	13
参加館プロファイル		288	115	35	4	442
	一般公開	288	115	35	4	442
	参加館公開	0	0	0	0	0
	自館参照	0	0	0	0	0
合計		20,928	2,003	2,090	1,213	26,234
	一般公開	11,179	1,611	1,747	860	15,397
	参加館公開	5,808	226	302	2	6,338
	自館参照	3,941	166	41	351	4,499

　これらのデータは、参加館が「レファレンス協同データベース標準フォーマット」に沿って作成・登録しているものです。この標準フォーマットの理解と、データの効率的な作成に資するため、平成17年10月に『レファレンス協同データベース事業データ作成・公開に関するガイドライン』を策定し、平成18年2月に刊行しました。この『ガイドライン』は参加館に1冊ずつ配布しているほか、平成18年6月に日本図書館協会からも同内容のものが販売されています。また、レファレンス協同データベース事業サイトでもダウンロードすることができます（http://crd.ndl.go.jp/jp/library/guideline_pub.html）。

データ提供館別索引

愛知淑徳大学図書館	(15)	認知心理学（Cognitive psychology）	94
厚木市立中央図書館	(6)	あつぎ鮎まつり大花火大会について、花火について	50
大阪府立中之島図書館	(4)	大阪の地名を調べるには	39
	(8)	図書館調査ガイド　法令のしらべ方	58
嘉悦大学情報メディアセンター			
	(17)	大学生活	109
香川県立図書館	(14)	ブックリスト「団塊の世代のこれから　－豊かな定年後のために」（平成17年9月16日発行）	90
近畿大学中央図書館	(16)	「レファレンスツール」の調べ方	104
	(20)	「現代中国関連資料」の調べ方	121
県立長野図書館	(11)	恐竜について（夏休み自由研究）	77
国立国会図書館（National Diet Library）			
	(24)	土地の価格（地価）を調べるには	145
	(25)	人口統計	148
埼玉県立久喜図書館	(13)	水と環境／健康について調べる（調べ方案内 Milestone No.3）	86
札幌市中央図書館	(3)	統計／日本	32
	(12)	古典	81
東京都立中央図書館	(1)	知っていると便利　人物情報をさがすには	20
	(2)	知っていると便利　雑誌や新聞の記事を調べるには	27
	(10)	知っていると便利　医療情報（病名・病院・薬・法令・統計　など）	69
東邦大学医学メディアセンター			
	(19)	診療ガイドラインの探し方	118
日本能率協会総合研究所マーケティングデータバンク			
	(22)	食品の新製品リストは？	134
福岡県立図書館	(7)	調べ方の近道案内　1　企業を調べるには（改訂）	53
	(9)	調べ方の近道案内　17　医療情報をさがす～病院・人物編～	65
文化女子大学図書館	(18)	下着に関する資料の調べ方	114
明治学院大学図書館	(21)	明治学院大学社会学部現代GPプロジェクトの一環：「スワンベーカリー」に関する資料の探し方	124
山梨県立図書館	(5)	山梨県の方言（甲州弁）を調べる	45
吉田秀雄記念事業財団アド・ミュージアム東京広告図書館			
	(23)	「1980年代のビールのテレビCM、特にサントリー（SUNTORY）を中心」の資料と情報を探す	136

執筆	昭和女子大学人間社会学部現代教養学科教授	大串　夏身
協力	東邦大学医学メディアセンター司書主任	牛澤　典子
	青山学院大学文学部教育学科教授	小田　光宏
	千葉経済大学短期大学部ビジネスライフ学科助教授	斎藤　誠一
	東京都立日比谷図書館サービス係視聴覚担当係長	進藤つばら
	近畿大学中央図書館レファレンス課主任司書	寺尾　　隆
	秋田県立図書館あきた文学資料館奉仕班副主幹	山崎　博樹
	（以上、レファレンス協同データベース事業企画協力員）	
	国立国会図書館主題情報部主任司書	北川　知子

（所属と役職は 2007 年 2 月末当時）

視覚障害者その他活字のままではこの本を利用できない人のために、日本図書館協会及び著者に届け出ることを条件に音声訳（録音図書）及び拡大写本，電子図書（パソコンなどを利用して読む図書）の製作を認めます。ただし，営利を目的とする場合は除きます。

レファレンス協同データベース事業調べ方マニュアルデータ集

2007 年 7 月 30 日　初版第 1 刷発行 ©　　　　定価：本体 1,800 円（税別）

編　者　国立国会図書館関西館
発行者　社団法人　日本図書館協会
　　　　〒104-0033　東京都中央区新川 1-11-14
　　　　Tel 03-3523-0811(代)　Fax 03-3523-0841
印刷所　㈱ワープ

JLA200721　　　　　　　　　　　　　　　　　　　　　　　Printed in Japan
ISBN978-4-8204-0711-9
本文の用紙は中性紙を使用しています。